Persönliche Angaben:

Name

Adresse

Telefon

Email

Notfall Kontakt:

Name

Adresse

Telefon

Email

Meine Touren im Überblick

Tour Nr.	Gipfel	Gebirge	Art der Tour
1			
2			
3			
4			
5			
6			
7			
8			
9			
10			
11			
12			
13			
14			
15			
16			
17			
18			
19			
20			
21			
22			
23			
24			
25			

Tour Nr.	Gipfel	Gebirge	Art der Tour
26			
27			
28			
29			
30			
31			
32			
33			
34			
35			
36			
37			
38			
39			
40			
41			
42			
43			
44			
45			
46			
47			
48			
49			
50			

Tour Nr. 1

Gipfel (Höhe)	
Gebirge	
Ausgangspunkt (Höhe)	

Datum	
Begleiter	

Schwierigkeit	☆☆☆☆☆
Kondition	☆☆☆☆☆
Frequentierung	☆☆☆☆☆
Landschaft	☆☆☆☆☆
Sicht	☆☆☆☆☆
Insgesamt	☆☆☆☆☆

Art der Tour		
Höhenmeter	Distanz	
Aufstiegszeit	Abstiegszeit	Gesamtzeit

Stempel

Wetterverhältnisse

Hütten / Einkehrmöglichkeiten

Etappen

Notizen

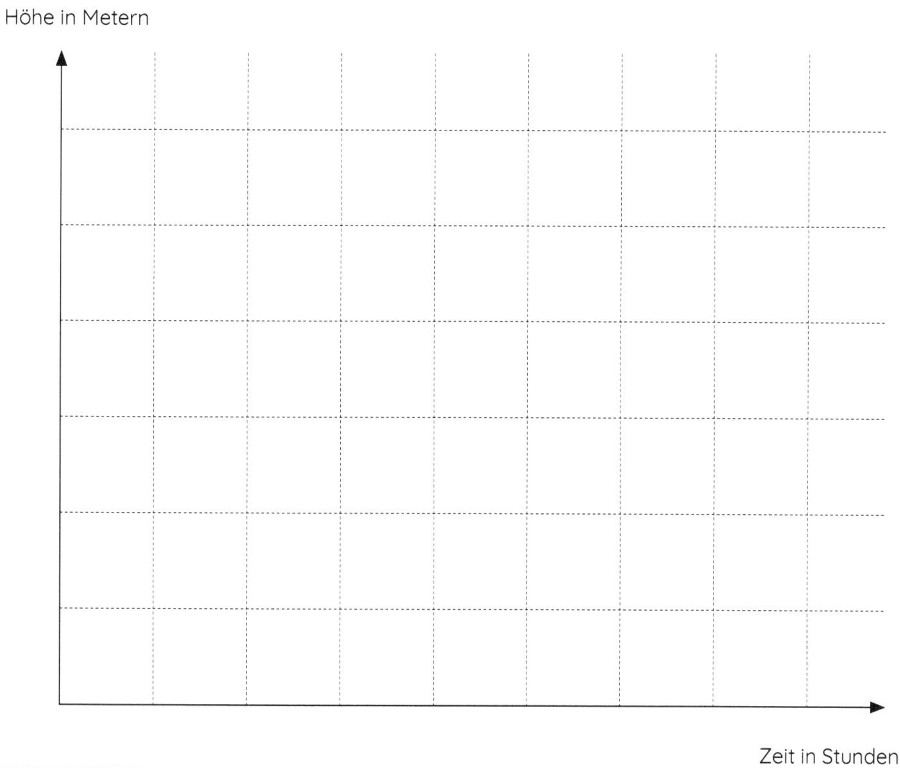

Tour Nr. 2

Gipfel (Höhe)

Datum

Gebirge

Begleiter

Ausgangspunkt (Höhe)

Art der Tour

Höhenmeter

Distanz

Aufstiegszeit

Abstiegszeit

Gesamtzeit

Schwierigkeit	☆☆☆☆☆
Kondition	☆☆☆☆☆
Frequentierung	☆☆☆☆☆
Landschaft	☆☆☆☆☆
Sicht	☆☆☆☆☆
Insgesamt	☆☆☆☆☆

Stempel

Wetterverhältnisse

Hütten / Einkehrmöglichkeiten

Etappen

Notizen

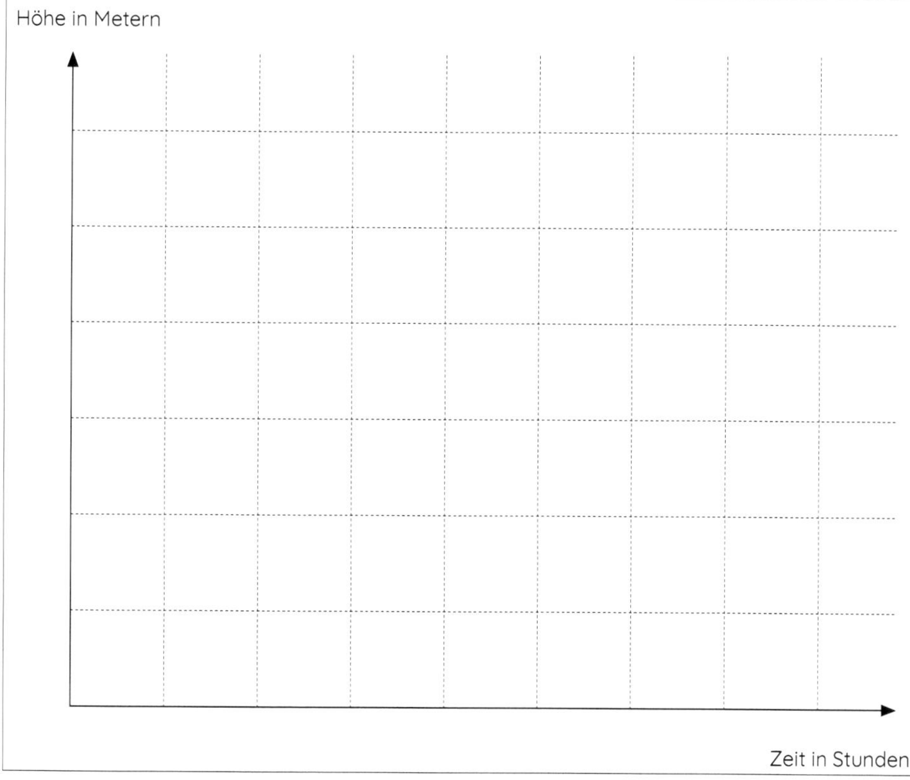

Tour Nr. 3

Gipfel (Höhe)

Gebirge

Ausgangspunkt (Höhe)

Art der Tour

Höhenmeter | Distanz

Aufstiegszeit | Abstiegszeit | Gesamtzeit

Datum

Begleiter

Schwierigkeit ☆☆☆☆☆
Kondition ☆☆☆☆☆
Frequentierung ☆☆☆☆☆
Landschaft ☆☆☆☆☆
Sicht ☆☆☆☆☆
Insgesamt ☆☆☆☆☆

Stempel

Wetterverhältnisse

Hütten / Einkehrmöglichkeiten

Etappen

Notizen

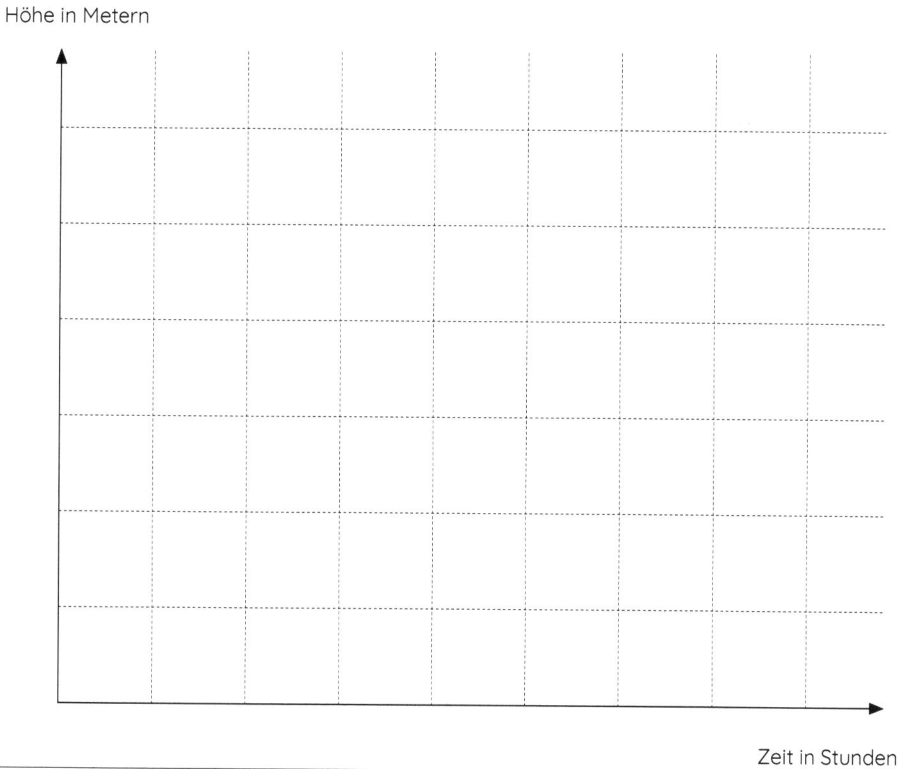

Tour Nr. 4

Gipfel (Höhe)

Gebirge

Ausgangspunkt (Höhe)

Datum

Begleiter

Art der Tour

Höhenmeter

Distanz

Aufstiegszeit

Abstiegszeit

Gesamtzeit

Schwierigkeit	☆☆☆☆☆
Kondition	☆☆☆☆☆
Frequentierung	☆☆☆☆☆
Landschaft	☆☆☆☆☆
Sicht	☆☆☆☆☆
Insgesamt	☆☆☆☆☆

Stempel

Wetterverhältnisse

Hütten / Einkehrmöglichkeiten

Etappen

Notizen

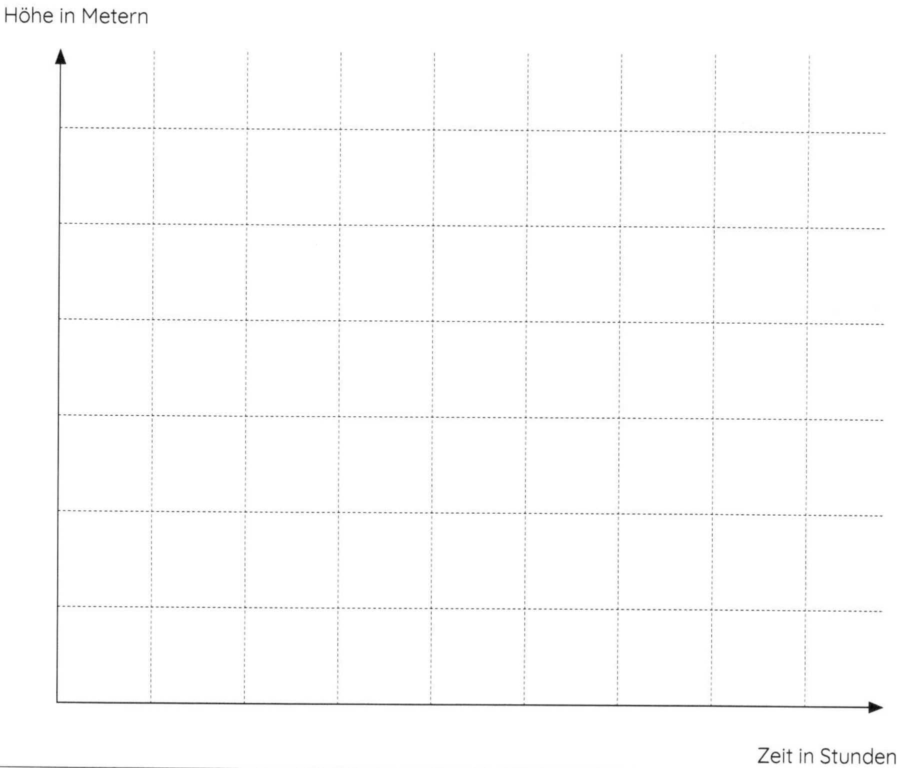

Tour Nr. 5

Gipfel (Höhe)

Gebirge

Ausgangspunkt (Höhe)

Datum

Begleiter

Art der Tour

Höhenmeter	Distanz

Aufstiegszeit	Abstiegszeit	Gesamtzeit

Schwierigkeit	☆☆☆☆☆
Kondition	☆☆☆☆☆
Frequentierung	☆☆☆☆☆
Landschaft	☆☆☆☆☆
Sicht	☆☆☆☆☆
Insgesamt	☆☆☆☆☆

Stempel

Wetterverhältnisse

Hütten / Einkehrmöglichkeiten

Etappen

Notizen

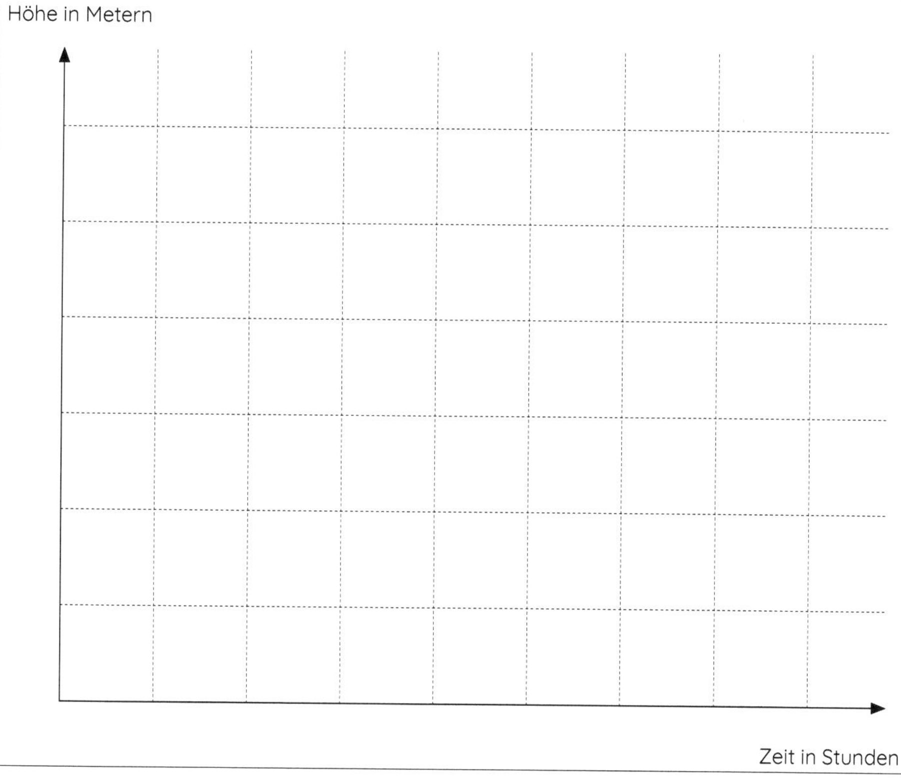

Tour Nr. 6

Gipfel (Höhe)

Gebirge

Ausgangspunkt (Höhe)

Datum

Begleiter

Schwierigkeit ☆☆☆☆☆
Kondition ☆☆☆☆☆
Frequentierung ☆☆☆☆☆
Landschaft ☆☆☆☆☆
Sicht ☆☆☆☆☆
Insgesamt ☆☆☆☆☆

Art der Tour

Höhenmeter | Distanz

Aufstiegszeit | Abstiegszeit | Gesamtzeit

Stempel

Wetterverhältnisse

Hütten / Einkehrmöglichkeiten

Etappen

Notizen

Höhe in Metern

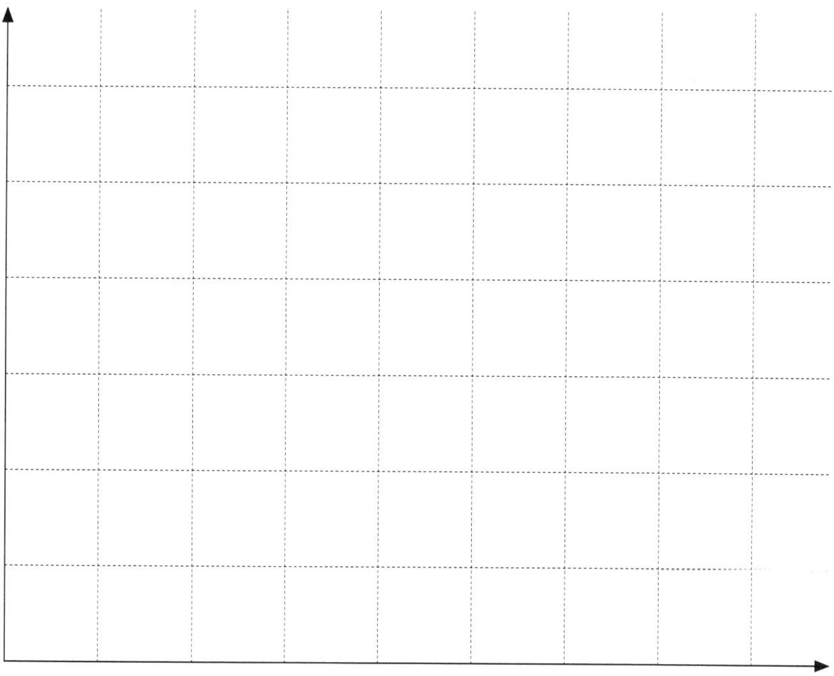

Zeit in Stunden

Tour Nr. 7

Gipfel (Höhe)

Gebirge

Ausgangspunkt (Höhe)

Datum

Begleiter

Schwierigkeit ☆☆☆☆☆
Kondition ☆☆☆☆☆
Frequentierung ☆☆☆☆☆
Landschaft ☆☆☆☆☆
Sicht ☆☆☆☆☆
Insgesamt ☆☆☆☆☆

Art der Tour

Höhenmeter | Distanz

Aufstiegszeit | Abstiegszeit | Gesamtzeit

Stempel

Wetterverhältnisse

Hütten / Einkehrmöglichkeiten

Etappen

Notizen

Höhe in Metern

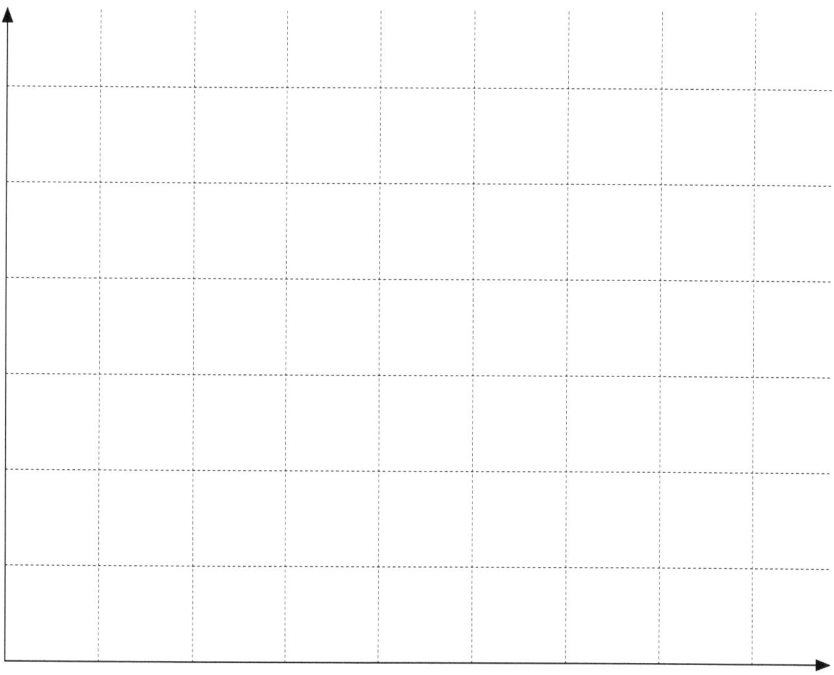

Zeit in Stunden

Tour Nr. 8

Gipfel (Höhe)

Gebirge

Ausgangspunkt (Höhe)

Datum

Begleiter

Schwierigkeit ☆☆☆☆☆
Kondition ☆☆☆☆☆
Frequentierung ☆☆☆☆☆
Landschaft ☆☆☆☆☆
Sicht ☆☆☆☆☆
Insgesamt ☆☆☆☆☆

Art der Tour

Höhenmeter

Distanz

Aufstiegszeit

Abstiegszeit

Gesamtzeit

Stempel

Wetterverhältnisse

Hütten / Einkehrmöglichkeiten

Etappen

Notizen

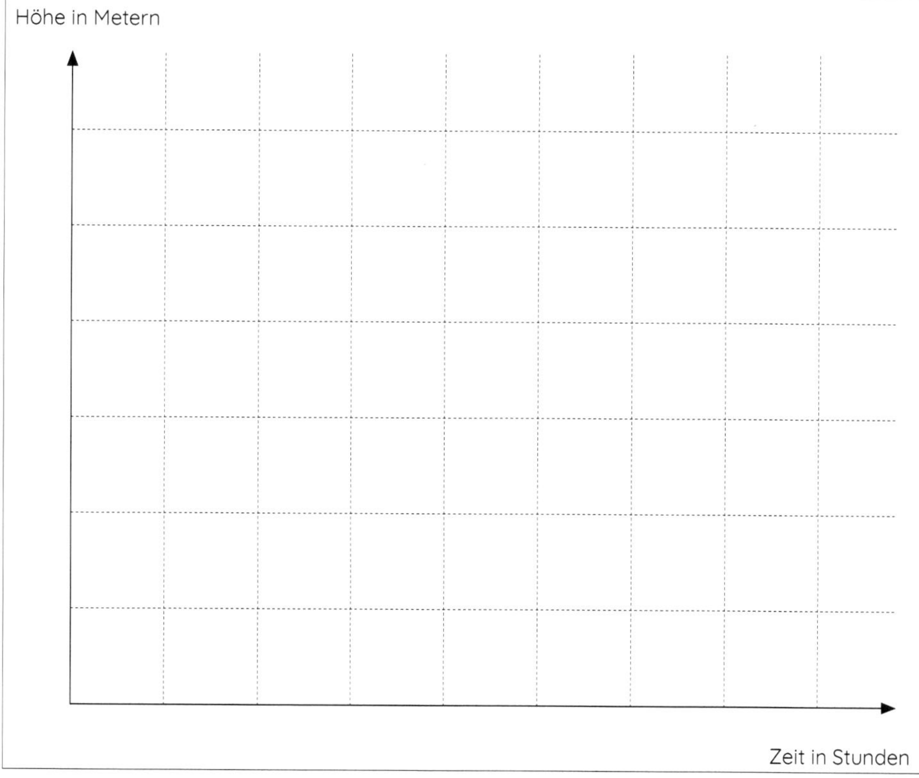

Tour Nr. 9

Gipfel (Höhe)

Gebirge

Ausgangspunkt (Höhe)

Art der Tour

Höhenmeter

Distanz

Aufstiegszeit

Abstiegszeit

Gesamtzeit

Datum

Begleiter

Schwierigkeit ☆☆☆☆☆
Kondition ☆☆☆☆☆
Frequentierung ☆☆☆☆☆
Landschaft ☆☆☆☆☆
Sicht ☆☆☆☆☆
Insgesamt ☆☆☆☆☆

Stempel

Wetterverhältnisse

Hütten / Einkehrmöglichkeiten

Etappen

Notizen

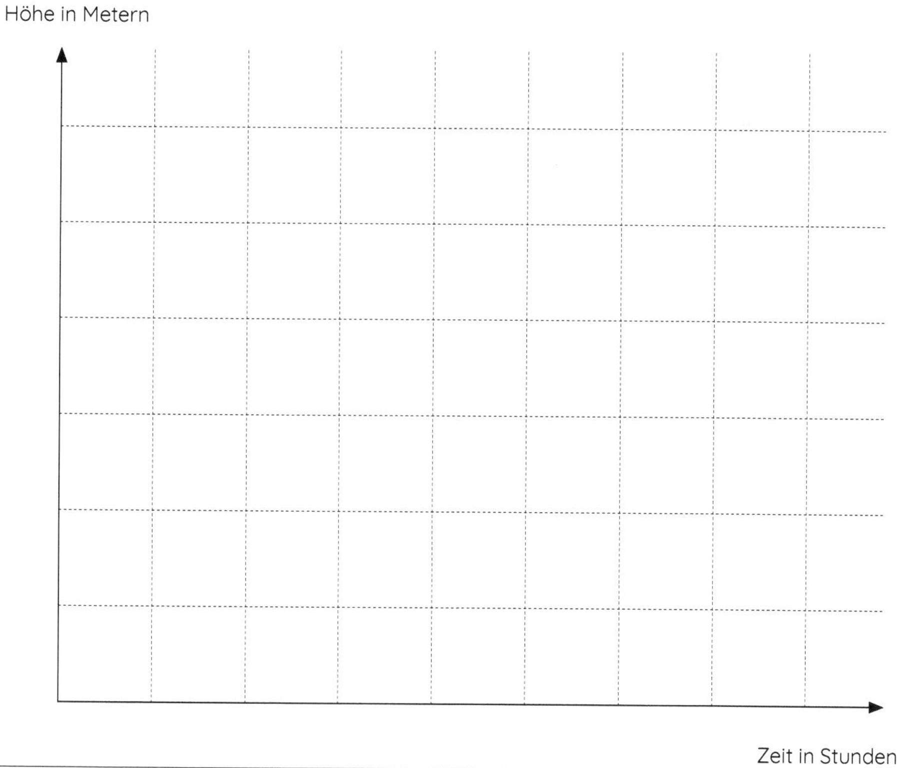

Tour Nr. 10

Gipfel (Höhe)	
Gebirge	
Ausgangspunkt (Höhe)	

Datum	
Begleiter	

Schwierigkeit	☆☆☆☆☆
Kondition	☆☆☆☆☆
Frequentierung	☆☆☆☆☆
Landschaft	☆☆☆☆☆
Sicht	☆☆☆☆☆
Insgesamt	☆☆☆☆☆

Art der Tour

Höhenmeter	Distanz	
Aufstiegszeit	Abstiegszeit	Gesamtzeit

Stempel

Wetterverhältnisse

Hütten / Einkehrmöglichkeiten

Etappen

Notizen

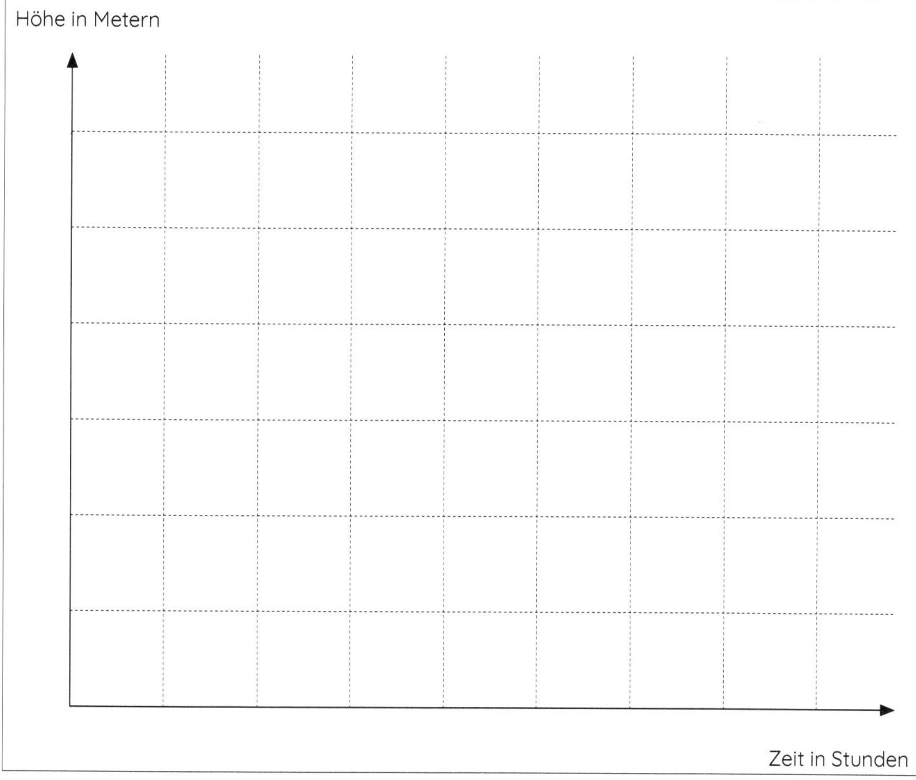

Tour Nr. 11

Gipfel (Höhe)

Gebirge

Ausgangspunkt (Höhe)

Art der Tour

Höhenmeter | Distanz

Aufstiegszeit | Abstiegszeit | Gesamtzeit

Datum

Begleiter

Schwierigkeit	☆☆☆☆☆
Kondition	☆☆☆☆☆
Frequentierung	☆☆☆☆☆
Landschaft	☆☆☆☆☆
Sicht	☆☆☆☆☆
Insgesamt	☆☆☆☆☆

Stempel

Wetterverhältnisse

Hütten / Einkehrmöglichkeiten

Etappen

Notizen

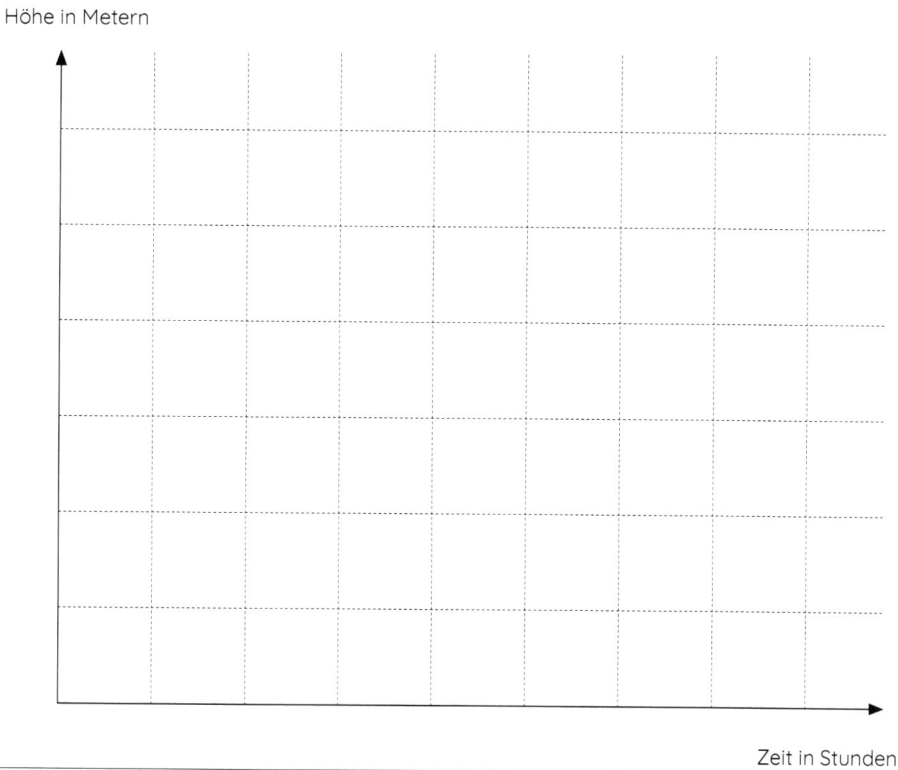

Tour Nr. 12

Gipfel (Höhe)

Gebirge

Ausgangspunkt (Höhe)

Datum

Begleiter

Schwierigkeit	☆☆☆☆☆
Kondition	☆☆☆☆☆
Frequentierung	☆☆☆☆☆
Landschaft	☆☆☆☆☆
Sicht	☆☆☆☆☆
Insgesamt	☆☆☆☆☆

Art der Tour

Höhenmeter	Distanz

Aufstiegszeit	Abstiegszeit	Gesamtzeit

Stempel

Wetterverhältnisse

Hütten / Einkehrmöglichkeiten

Etappen

Notizen

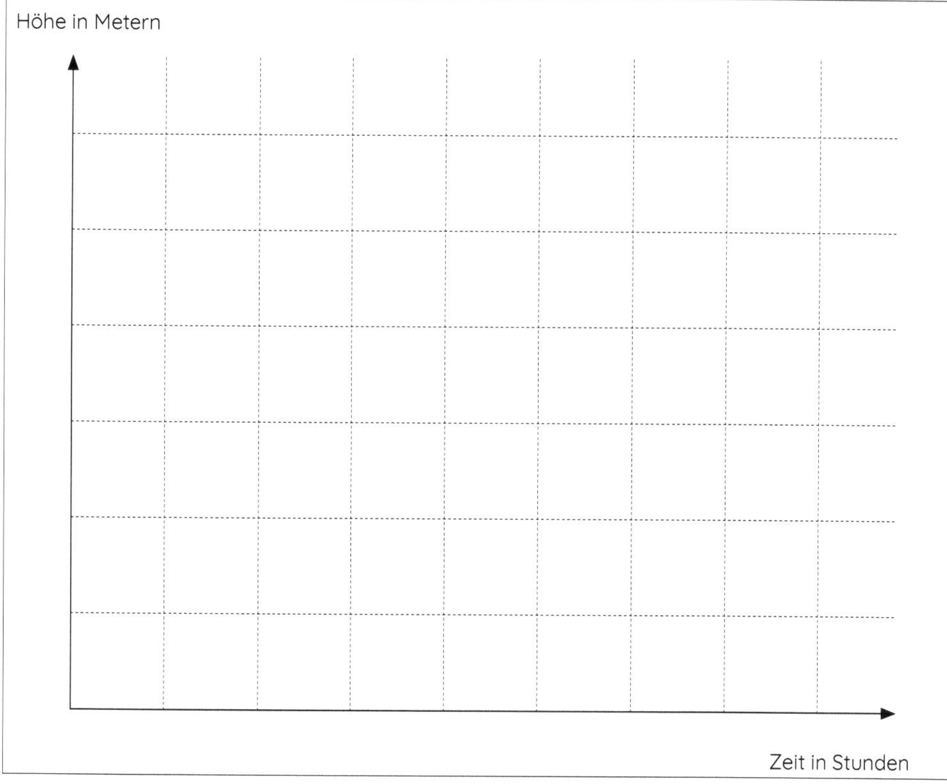

Tour Nr. 13

Gipfel (Höhe)	Datum
Gebirge	Begleiter
Ausgangspunkt (Höhe)	

Art der Tour		
Höhenmeter	Distanz	
Aufstiegszeit	Abstiegszeit	Gesamtzeit

Schwierigkeit ☆☆☆☆☆
Kondition ☆☆☆☆☆
Frequentierung ☆☆☆☆☆
Landschaft ☆☆☆☆☆
Sicht ☆☆☆☆☆
Insgesamt ☆☆☆☆☆

Stempel

Wetterverhältnisse

Hütten / Einkehrmöglichkeiten

Etappen

Notizen

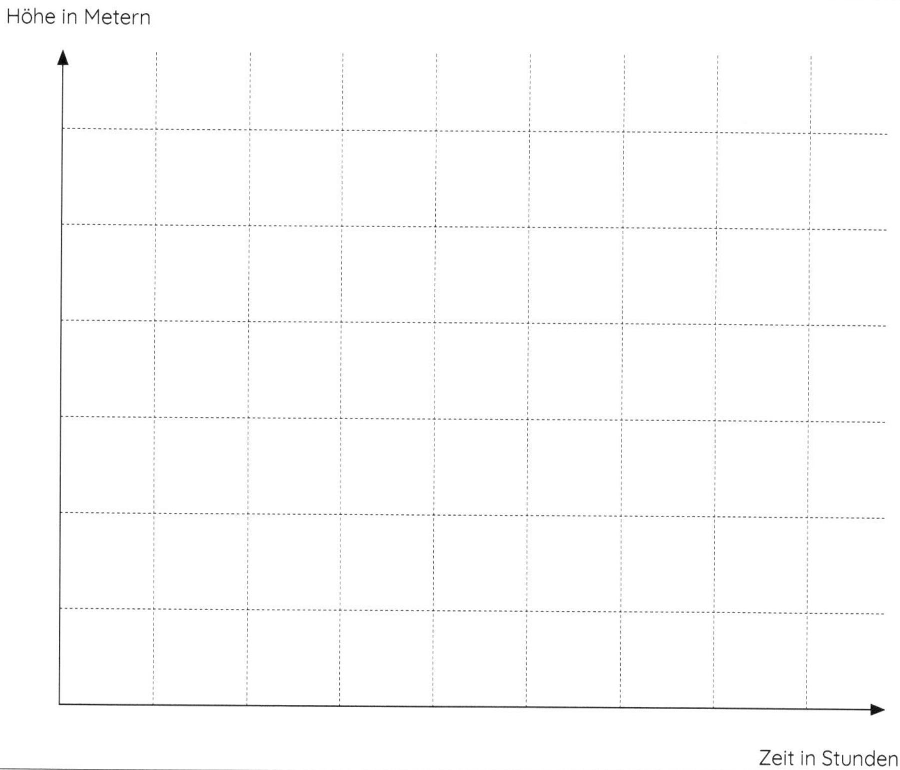

Tour Nr. 14

Gipfel (Höhe)

Gebirge

Ausgangspunkt (Höhe)

Datum

Begleiter

Art der Tour

Höhenmeter

Distanz

Aufstiegszeit

Abstiegszeit

Gesamtzeit

Schwierigkeit ☆☆☆☆☆
Kondition ☆☆☆☆☆
Frequentierung ☆☆☆☆☆
Landschaft ☆☆☆☆☆
Sicht ☆☆☆☆☆
Insgesamt ☆☆☆☆☆

Stempel

Wetterverhältnisse

Hütten / Einkehrmöglichkeiten

Etappen

Notizen

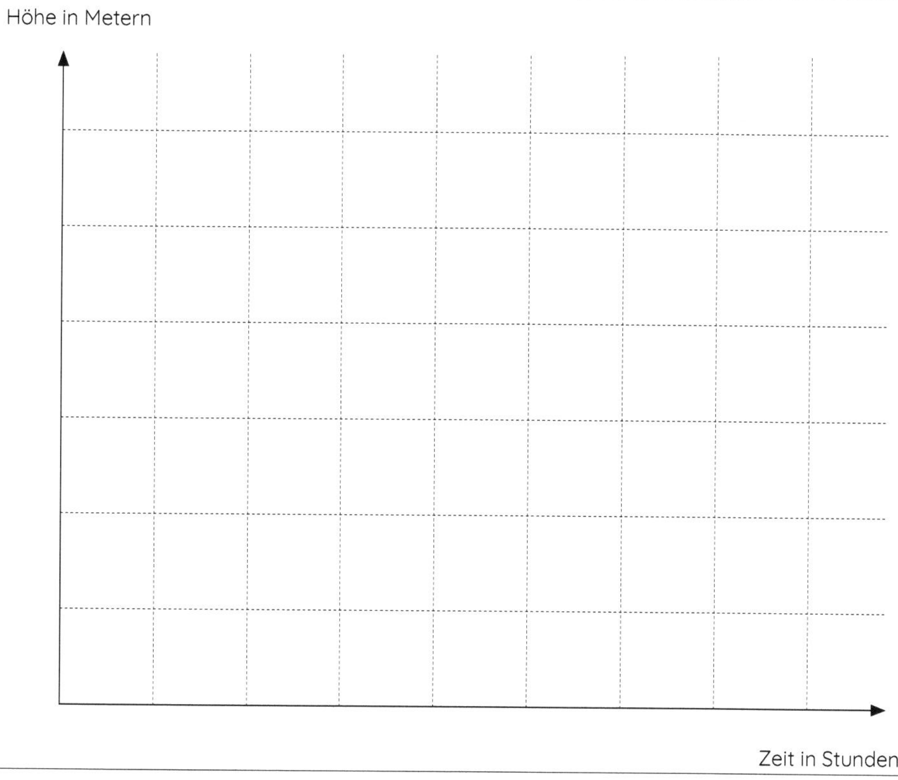

Tour Nr. 15

Gipfel (Höhe)

Gebirge

Ausgangspunkt (Höhe)

Datum

Begleiter

Schwierigkeit ☆☆☆☆☆
Kondition ☆☆☆☆☆
Frequentierung ☆☆☆☆☆
Landschaft ☆☆☆☆☆
Sicht ☆☆☆☆☆
Insgesamt ☆☆☆☆☆

Art der Tour

Höhenmeter	Distanz

Aufstiegszeit	Abstiegszeit	Gesamtzeit

Stempel

Wetterverhältnisse

Hütten / Einkehrmöglichkeiten

Etappen

Notizen

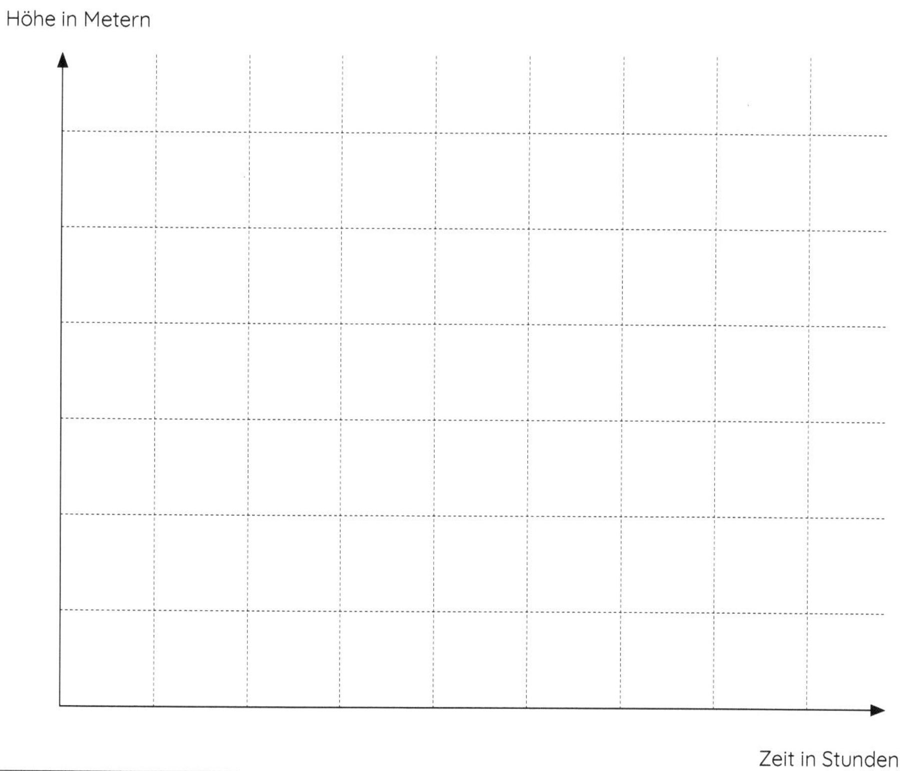

Tour Nr. 16

Gipfel (Höhe)

Gebirge

Ausgangspunkt (Höhe)

Art der Tour

Höhenmeter | Distanz

Aufstiegszeit | Abstiegszeit | Gesamtzeit

Datum

Begleiter

Schwierigkeit ☆☆☆☆☆

Kondition ☆☆☆☆☆

Frequentierung ☆☆☆☆☆

Landschaft ☆☆☆☆☆

Sicht ☆☆☆☆☆

Insgesamt ☆☆☆☆☆

Stempel

Wetterverhältnisse

Hütten / Einkehrmöglichkeiten

Etappen

Notizen

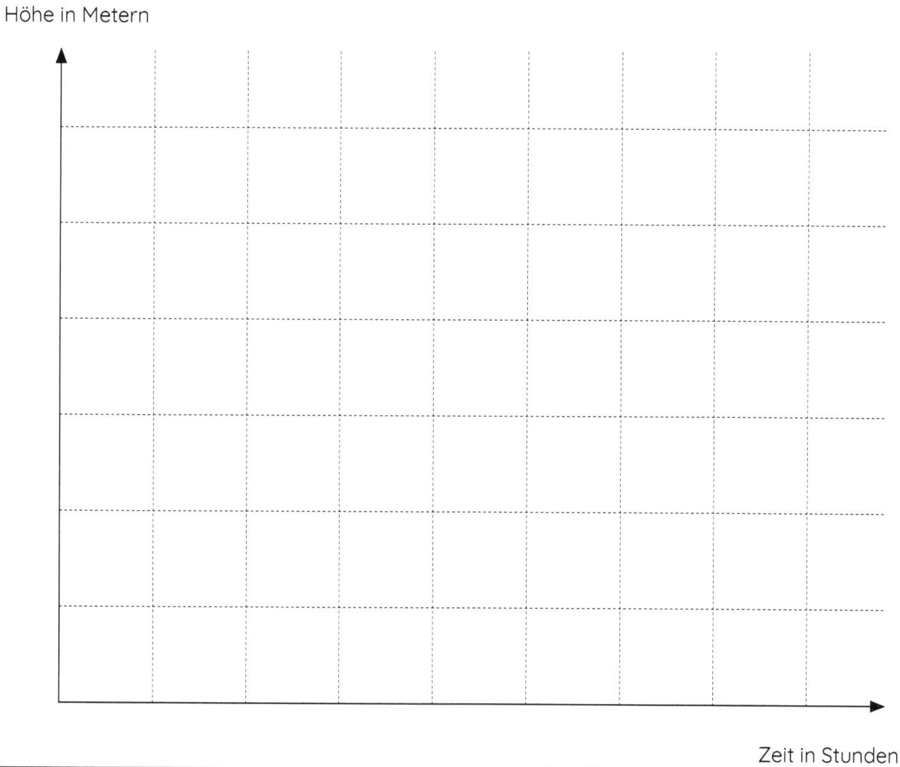

Tour Nr. 17

Gipfel (Höhe)

Gebirge

Ausgangspunkt (Höhe)

Art der Tour

Höhenmeter

Distanz

Aufstiegszeit

Abstiegszeit

Gesamtzeit

Datum

Begleiter

Schwierigkeit ☆☆☆☆☆

Kondition ☆☆☆☆☆

Frequentierung ☆☆☆☆☆

Landschaft ☆☆☆☆☆

Sicht ☆☆☆☆☆

Insgesamt ☆☆☆☆☆

Stempel

Wetterverhältnisse

Hütten / Einkehrmöglichkeiten

Etappen

Notizen

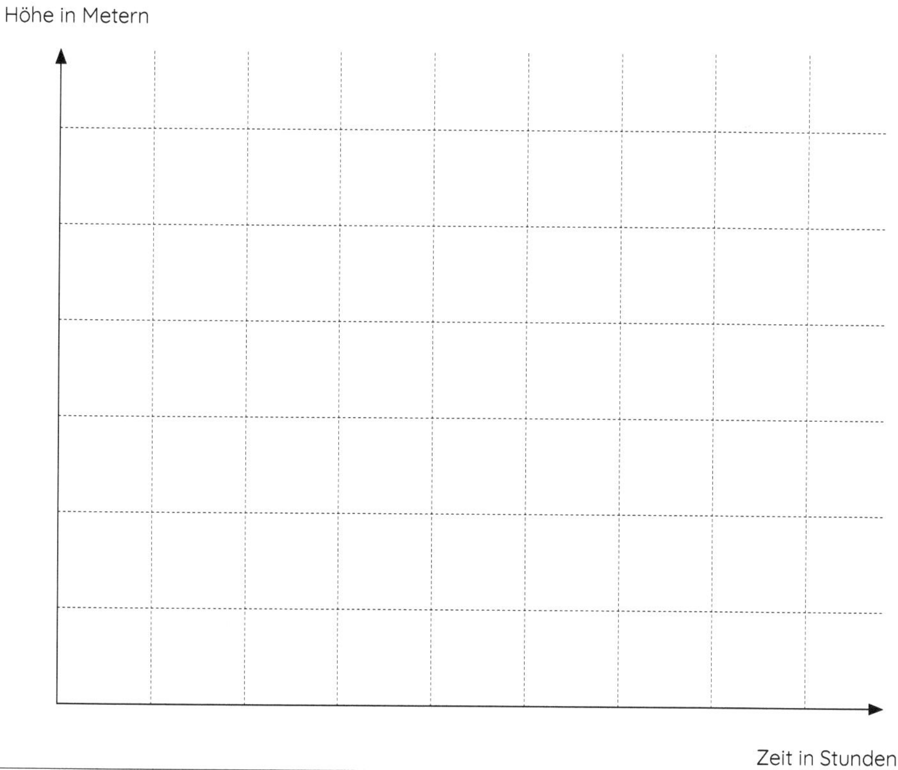

Tour Nr. 18

Gipfel (Höhe)

Gebirge

Ausgangspunkt (Höhe)

Datum

Begleiter

Schwierigkeit ☆☆☆☆☆
Kondition ☆☆☆☆☆
Frequentierung ☆☆☆☆☆
Landschaft ☆☆☆☆☆
Sicht ☆☆☆☆☆
Insgesamt ☆☆☆☆☆

Art der Tour

Höhenmeter

Distanz

Aufstiegszeit

Abstiegszeit

Gesamtzeit

Stempel

Wetterverhältnisse

Hütten / Einkehrmöglichkeiten

Etappen

Notizen

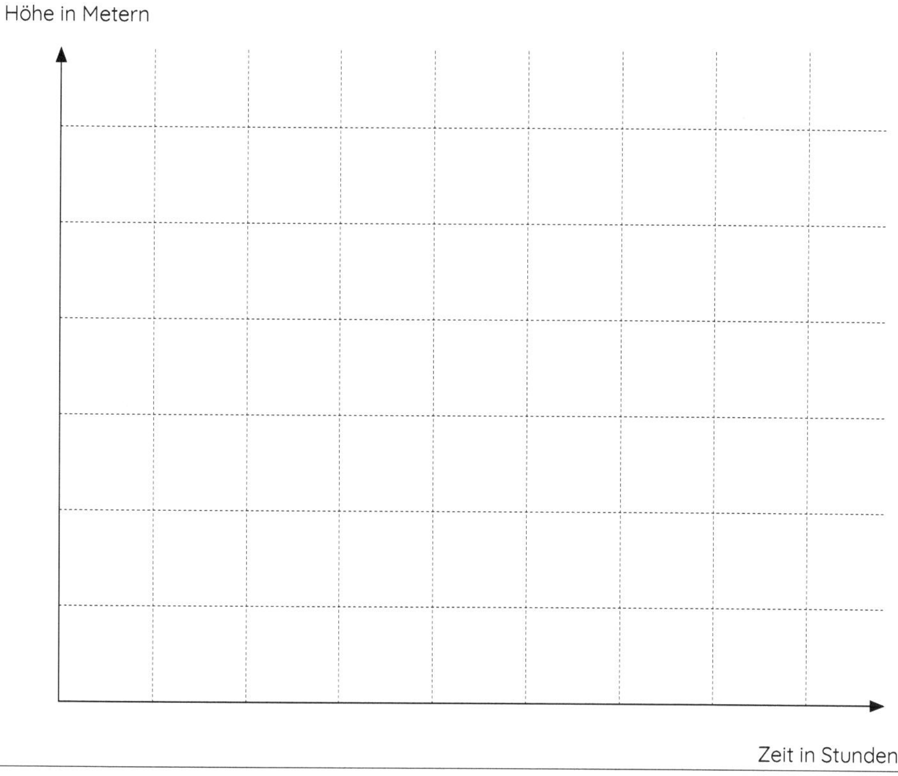

Tour Nr. 19

Gipfel (Höhe)

Gebirge

Ausgangspunkt (Höhe)

Art der Tour

Höhenmeter

Distanz

Aufstiegszeit

Abstiegszeit

Gesamtzeit

Datum

Begleiter

Schwierigkeit ☆☆☆☆☆

Kondition ☆☆☆☆☆

Frequentierung ☆☆☆☆☆

Landschaft ☆☆☆☆☆

Sicht ☆☆☆☆☆

Insgesamt ☆☆☆☆☆

Stempel

Wetterverhältnisse

Hütten / Einkehrmöglichkeiten

Etappen

Notizen

Höhe in Metern

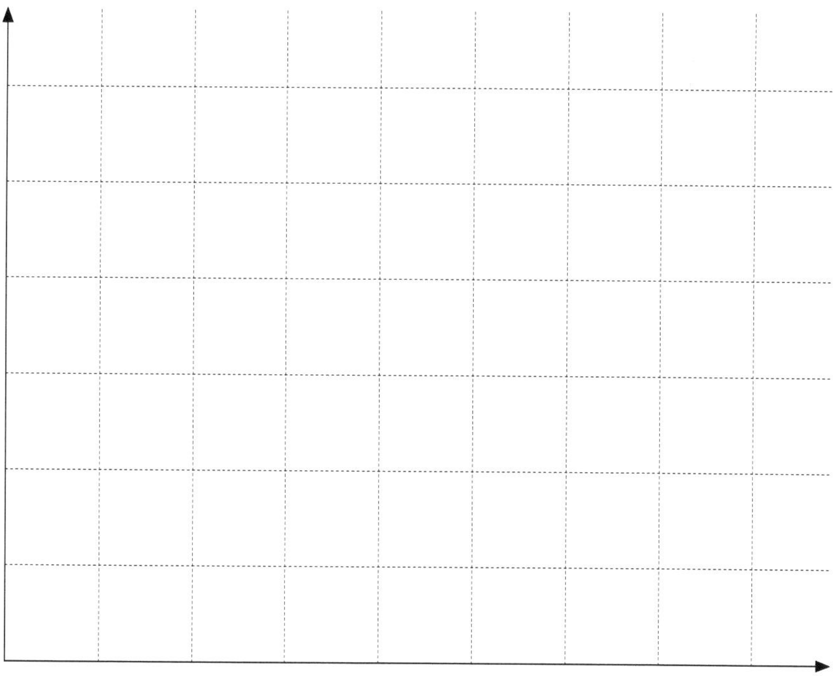

Zeit in Stunden

Tour Nr. 20

Gipfel (Höhe)	
Gebirge	
Ausgangspunkt (Höhe)	

Datum	
Begleiter	

Schwierigkeit	☆☆☆☆☆
Kondition	☆☆☆☆☆
Frequentierung	☆☆☆☆☆
Landschaft	☆☆☆☆☆
Sicht	☆☆☆☆☆
Insgesamt	☆☆☆☆☆

Art der Tour		
Höhenmeter	Distanz	
Aufstiegszeit	Abstiegszeit	Gesamtzeit

Stempel

Wetterverhältnisse

Hütten / Einkehrmöglichkeiten

Etappen

Notizen

Höhe in Metern

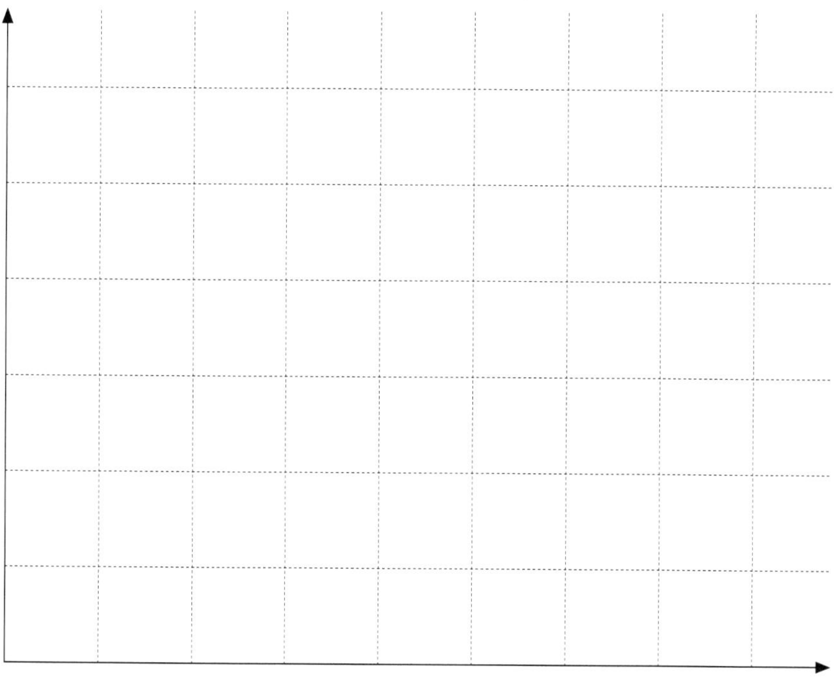

Zeit in Stunden

Tour Nr. 21

Gipfel (Höhe)

Gebirge

Ausgangspunkt (Höhe)

Datum

Begleiter

Schwierigkeit ☆☆☆☆☆
Kondition ☆☆☆☆☆
Frequentierung ☆☆☆☆☆
Landschaft ☆☆☆☆☆
Sicht ☆☆☆☆☆
Insgesamt ☆☆☆☆☆

Art der Tour

Höhenmeter	Distanz	
Aufstiegszeit	Abstiegszeit	Gesamtzeit

Stempel

Wetterverhältnisse

Hütten / Einkehrmöglichkeiten

Etappen

Notizen

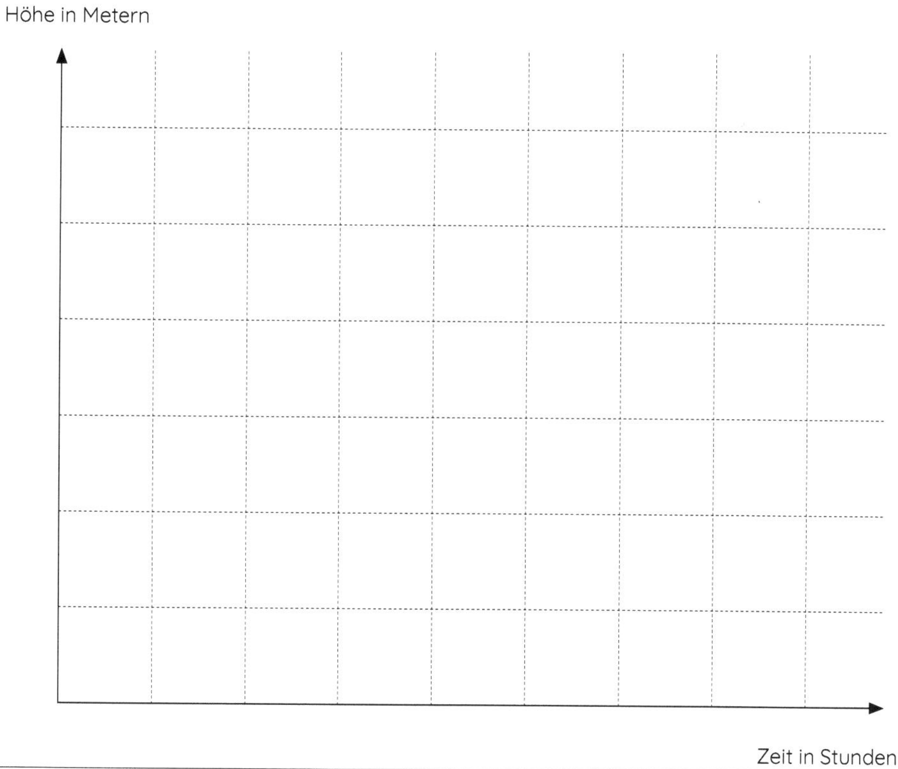

Tour Nr. 22

Gipfel (Höhe)

Gebirge

Ausgangspunkt (Höhe)

Datum

Begleiter

Schwierigkeit ☆☆☆☆☆

Kondition ☆☆☆☆☆

Frequentierung ☆☆☆☆☆

Landschaft ☆☆☆☆☆

Sicht ☆☆☆☆☆

Insgesamt ☆☆☆☆☆

Art der Tour

Höhenmeter

Distanz

Aufstiegszeit

Abstiegszeit

Gesamtzeit

Stempel

Wetterverhältnisse

Hütten / Einkehrmöglichkeiten

Etappen

Notizen

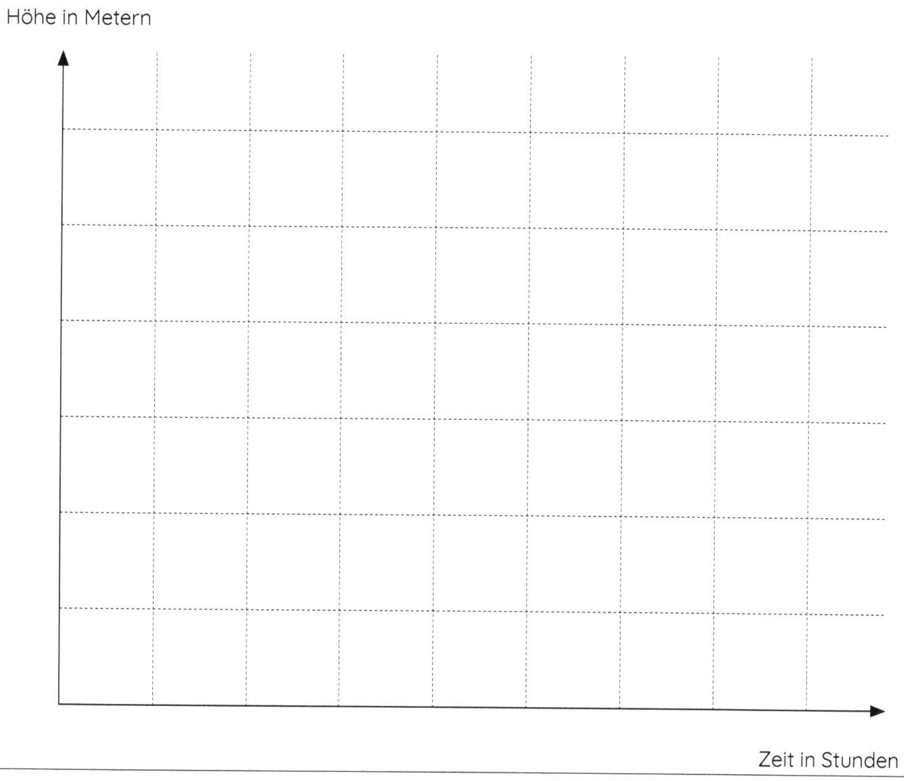

Tour Nr. 23

Gipfel (Höhe)

Gebirge

Ausgangspunkt (Höhe)

Datum

Begleiter

Art der Tour

Höhenmeter

Distanz

Aufstiegszeit

Abstiegszeit

Gesamtzeit

Schwierigkeit ☆☆☆☆☆
Kondition ☆☆☆☆☆
Frequentierung ☆☆☆☆☆
Landschaft ☆☆☆☆☆
Sicht ☆☆☆☆☆
Insgesamt ☆☆☆☆☆

Stempel

Wetterverhältnisse

Hütten / Einkehrmöglichkeiten

Etappen

Notizen

Höhe in Metern

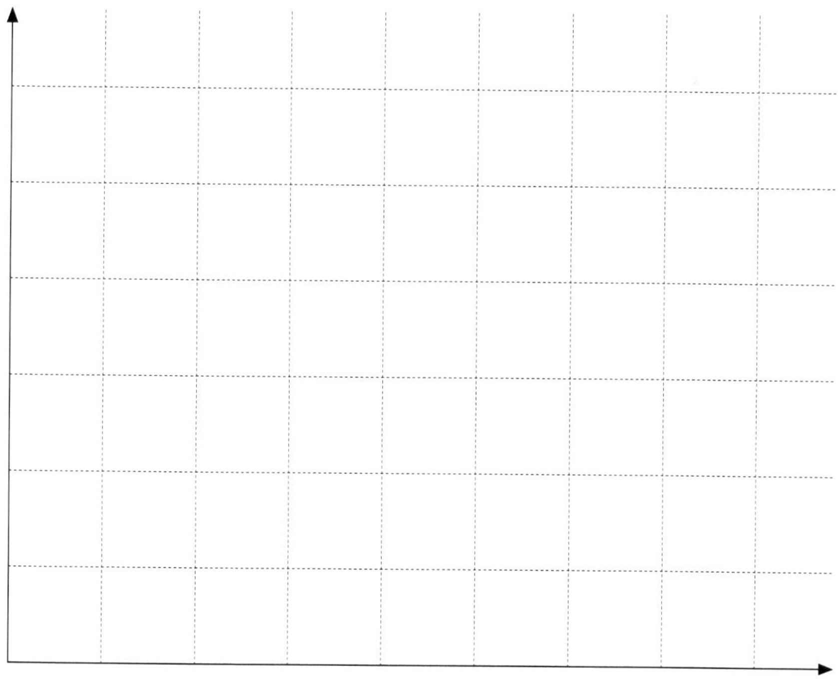

Zeit in Stunden

Tour Nr. 24

Gipfel (Höhe)

Gebirge

Ausgangspunkt (Höhe)

Datum

Begleiter

Schwierigkeit ☆☆☆☆☆
Kondition ☆☆☆☆☆
Frequentierung ☆☆☆☆☆
Landschaft ☆☆☆☆☆
Sicht ☆☆☆☆☆
Insgesamt ☆☆☆☆☆

Art der Tour

Höhenmeter	Distanz

Aufstiegszeit	Abstiegszeit	Gesamtzeit

Stempel

Wetterverhältnisse

Hütten / Einkehrmöglichkeiten

Etappen

Notizen

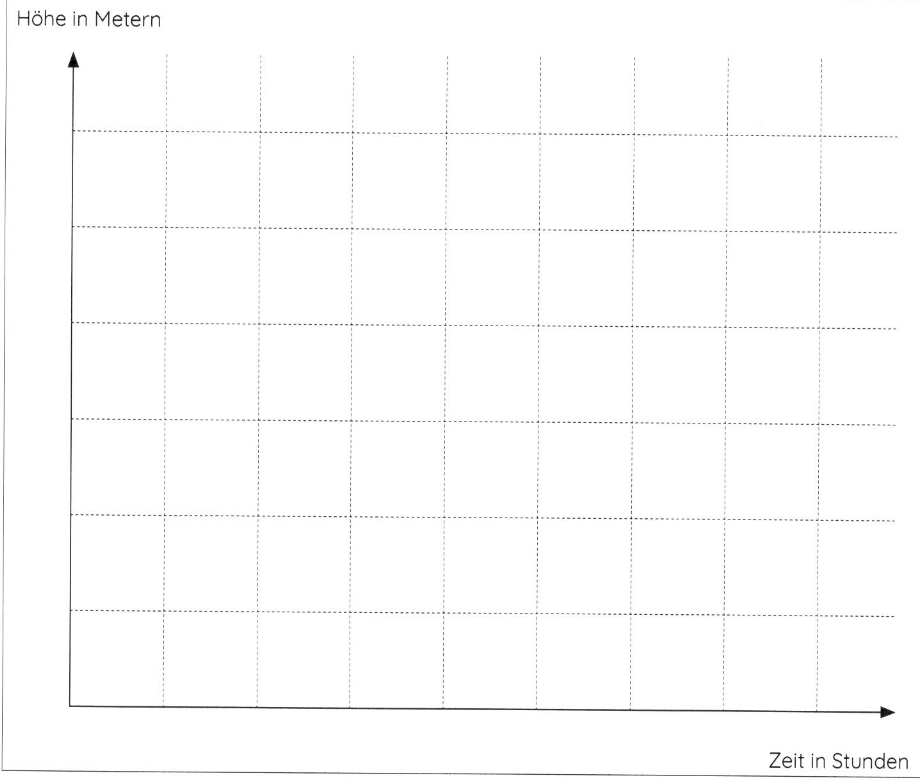

Tour Nr. 25

Gipfel (Höhe)	Datum
Gebirge	Begleiter
Ausgangspunkt (Höhe)	

Art der Tour

Höhenmeter	Distanz

Aufstiegszeit	Abstiegszeit	Gesamtzeit

Schwierigkeit	☆☆☆☆☆
Kondition	☆☆☆☆☆
Frequentierung	☆☆☆☆☆
Landschaft	☆☆☆☆☆
Sicht	☆☆☆☆☆
Insgesamt	☆☆☆☆☆

Stempel

Wetterverhältnisse

Hütten / Einkehrmöglichkeiten

Etappen

Notizen

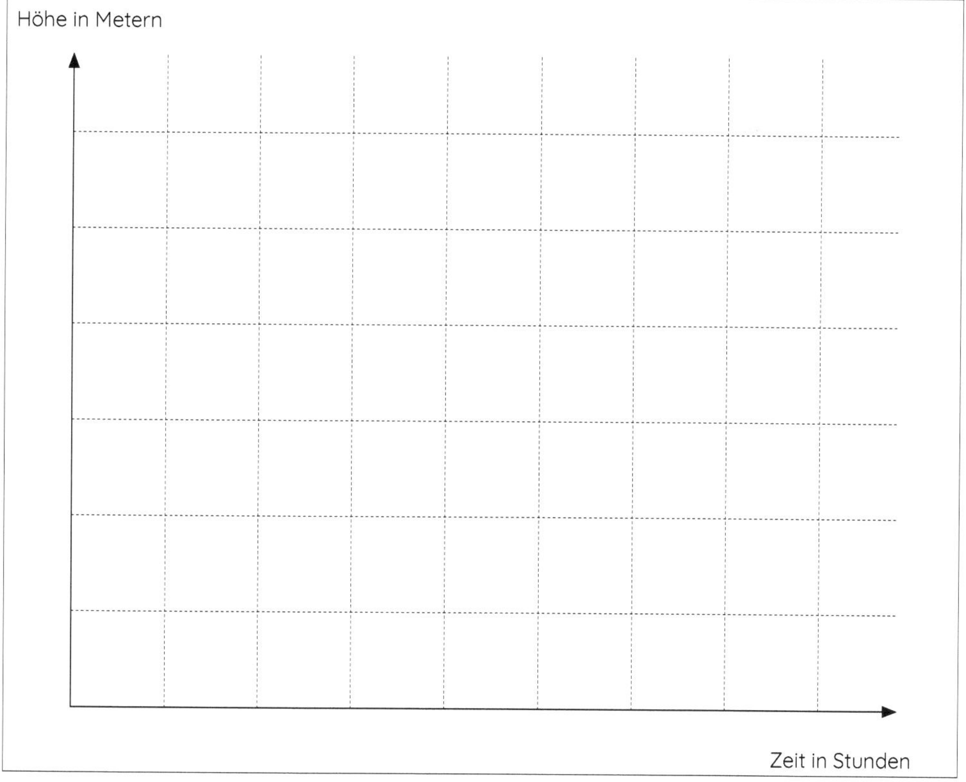

Tour Nr. 26

Gipfel (Höhe)

Gebirge

Ausgangspunkt (Höhe)

Datum

Begleiter

Schwierigkeit ☆☆☆☆☆
Kondition ☆☆☆☆☆
Frequentierung ☆☆☆☆☆
Landschaft ☆☆☆☆☆
Sicht ☆☆☆☆☆
Insgesamt ☆☆☆☆☆

Art der Tour

Höhenmeter	Distanz

Aufstiegszeit	Abstiegszeit	Gesamtzeit

Stempel

Wetterverhältnisse

Hütten / Einkehrmöglichkeiten

Etappen

Notizen

Höhe in Metern

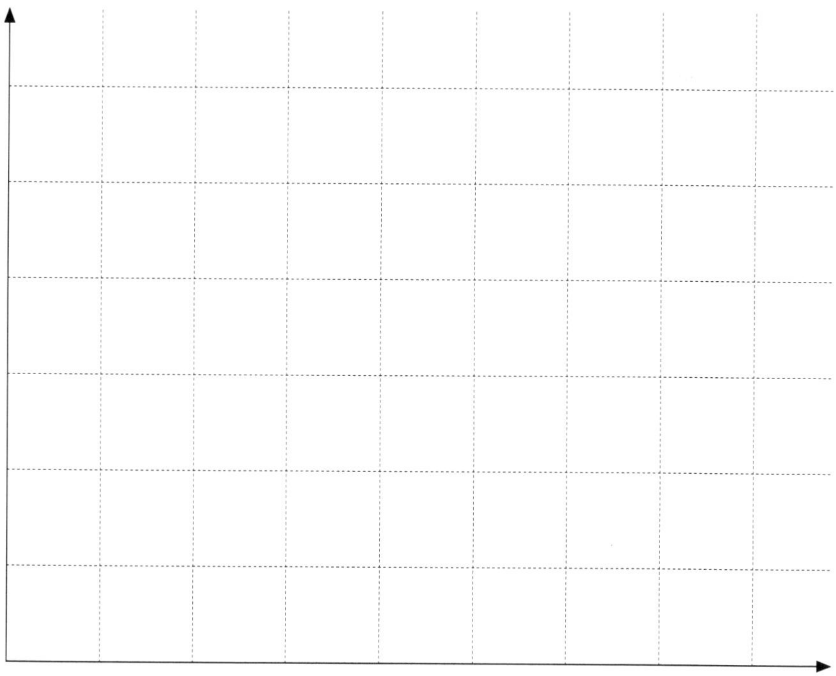

Zeit in Stunden

Tour Nr. 27

Gipfel (Höhe)	Datum
Gebirge	Begleiter
Ausgangspunkt (Höhe)	

Art der Tour

Höhenmeter	Distanz

Aufstiegszeit	Abstiegszeit	Gesamtzeit

Schwierigkeit	☆☆☆☆☆
Kondition	☆☆☆☆☆
Frequentierung	☆☆☆☆☆
Landschaft	☆☆☆☆☆
Sicht	☆☆☆☆☆
Insgesamt	☆☆☆☆☆

Stempel

Wetterverhältnisse

Hütten / Einkehrmöglichkeiten

Etappen

Notizen

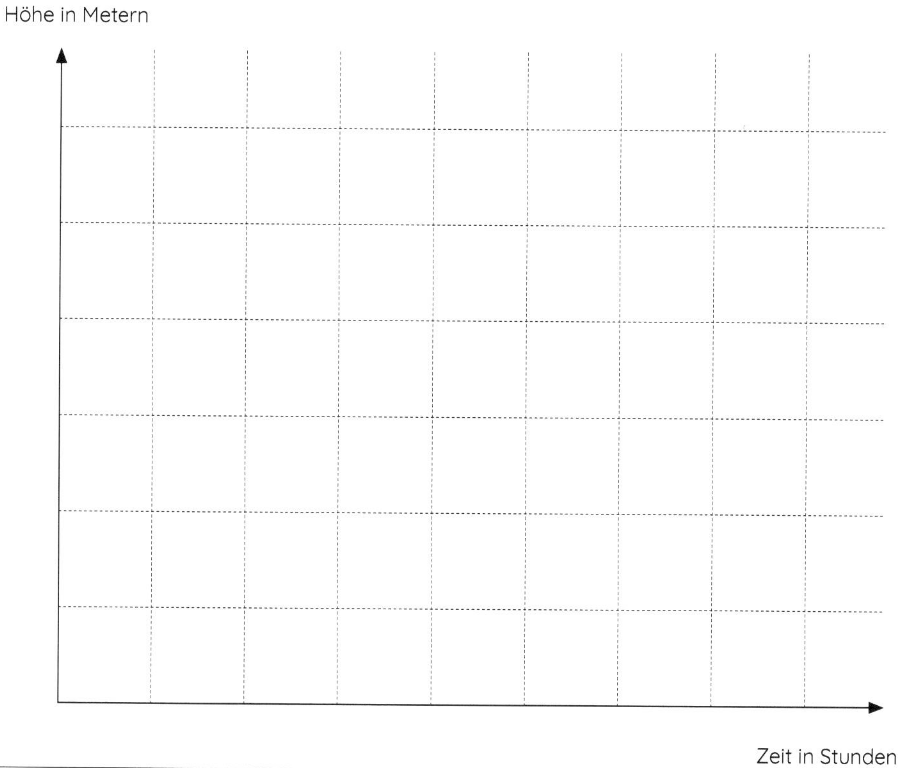

Tour Nr. 28

Gipfel (Höhe)

Gebirge

Ausgangspunkt (Höhe)

Datum

Begleiter

Schwierigkeit ☆☆☆☆☆
Kondition ☆☆☆☆☆
Frequentierung ☆☆☆☆☆
Landschaft ☆☆☆☆☆
Sicht ☆☆☆☆☆
Insgesamt ☆☆☆☆☆

Art der Tour

Höhenmeter | Distanz

Aufstiegszeit | Abstiegszeit | Gesamtzeit

Stempel

Wetterverhältnisse

Hütten / Einkehrmöglichkeiten

Etappen

Notizen

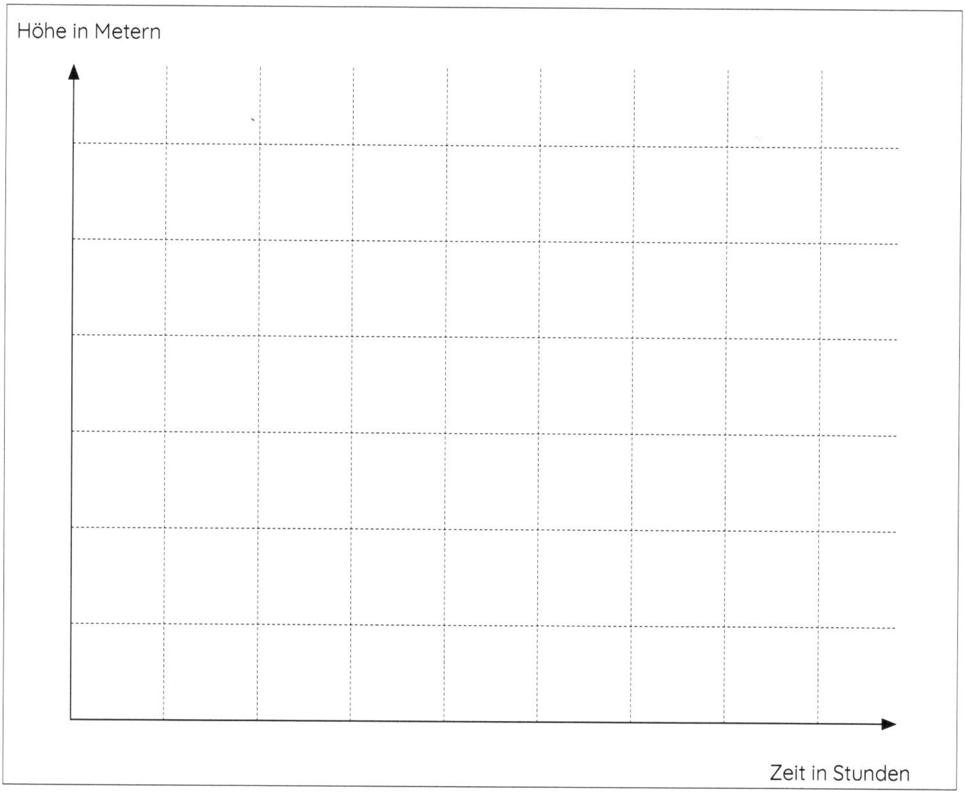

Tour Nr. 29

Gipfel (Höhe)

Gebirge

Ausgangspunkt (Höhe)

Art der Tour

Höhenmeter	Distanz

Aufstiegszeit	Abstiegszeit	Gesamtzeit

Datum

Begleiter

Schwierigkeit	☆☆☆☆☆
Kondition	☆☆☆☆☆
Frequentierung	☆☆☆☆☆
Landschaft	☆☆☆☆☆
Sicht	☆☆☆☆☆
Insgesamt	☆☆☆☆☆

Stempel

Wetterverhältnisse

Hütten / Einkehrmöglichkeiten

Etappen

Notizen

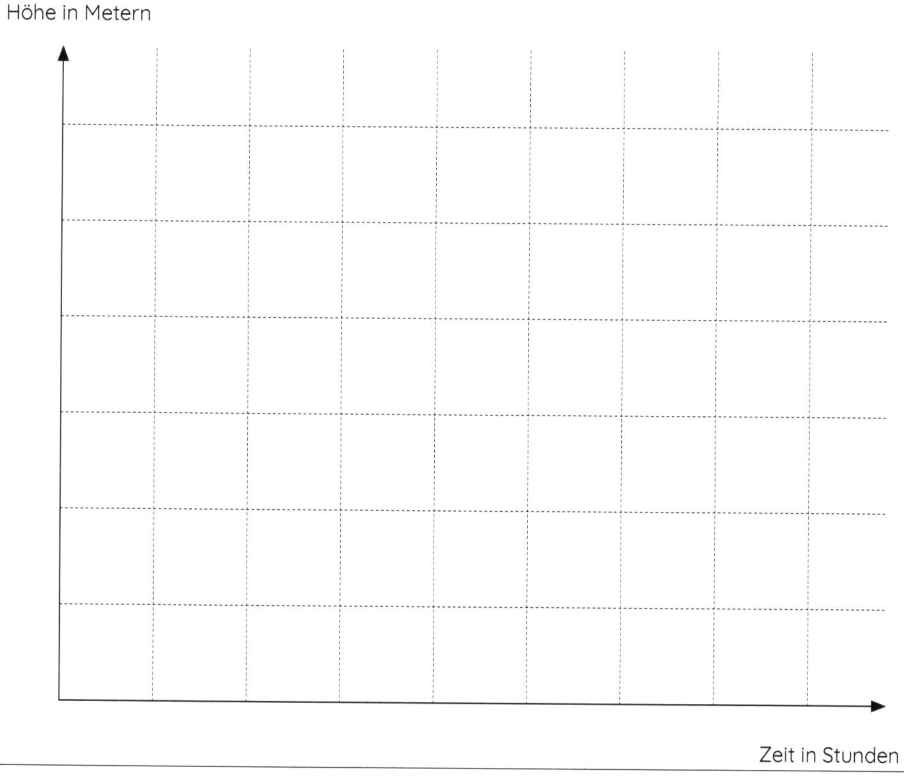

Tour Nr. 30

Gipfel (Höhe)

Gebirge

Ausgangspunkt (Höhe)

Datum

Begleiter

Schwierigkeit ☆☆☆☆☆
Kondition ☆☆☆☆☆
Frequentierung ☆☆☆☆☆
Landschaft ☆☆☆☆☆
Sicht ☆☆☆☆☆
Insgesamt ☆☆☆☆☆

Art der Tour

Höhenmeter	Distanz

Aufstiegszeit	Abstiegszeit	Gesamtzeit

Stempel

Wetterverhältnisse

Hütten / Einkehrmöglichkeiten

Etappen

Notizen

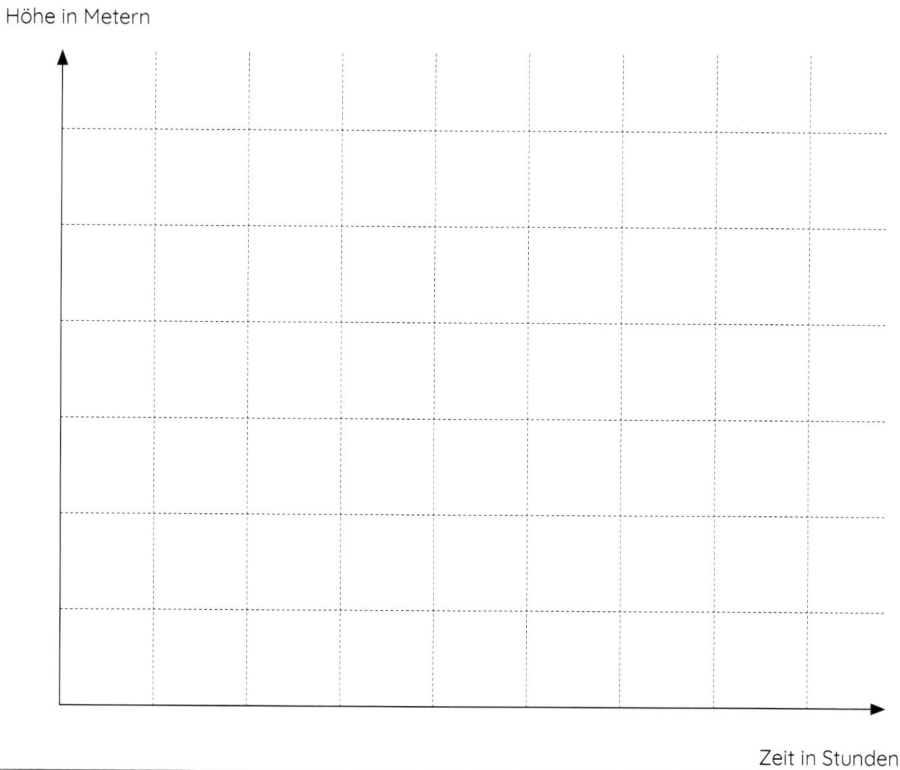

Tour Nr. 31

Gipfel (Höhe)

Gebirge

Ausgangspunkt (Höhe)

Datum

Begleiter

Schwierigkeit ☆☆☆☆☆
Kondition ☆☆☆☆☆
Frequentierung ☆☆☆☆☆
Landschaft ☆☆☆☆☆
Sicht ☆☆☆☆☆
Insgesamt ☆☆☆☆☆

Art der Tour

Höhenmeter	Distanz

Aufstiegszeit	Abstiegszeit	Gesamtzeit

Stempel

Wetterverhältnisse

Hütten / Einkehrmöglichkeiten

Etappen

Notizen

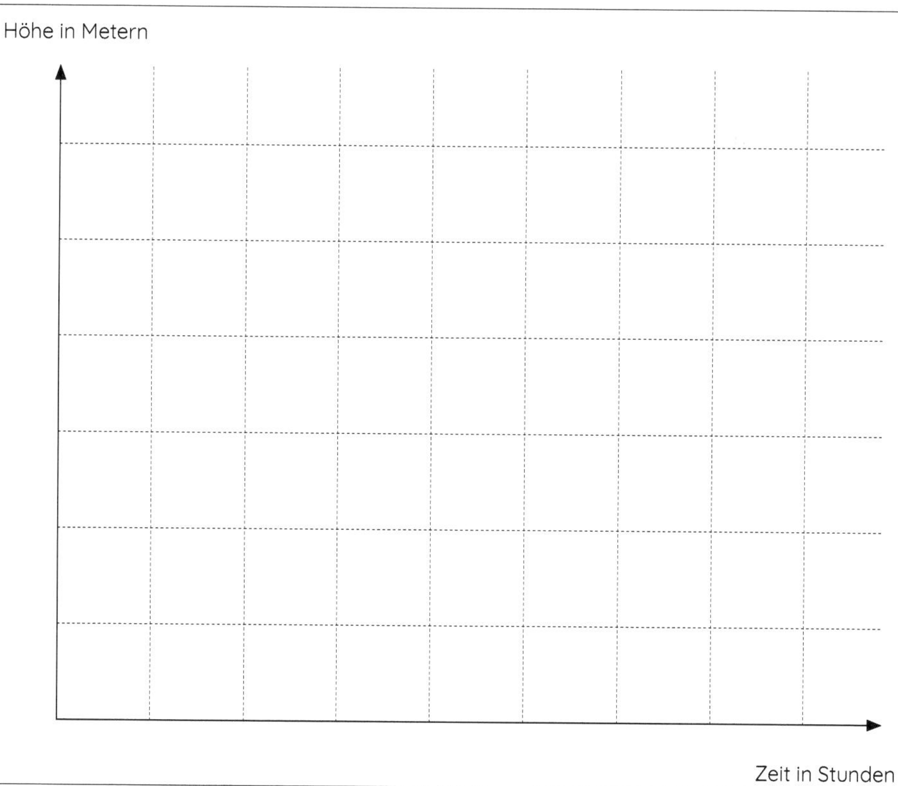

Tour Nr. 32

Gipfel (Höhe)

Gebirge

Ausgangspunkt (Höhe)

Art der Tour

Höhenmeter

Distanz

Aufstiegszeit

Abstiegszeit

Gesamtzeit

Datum

Begleiter

Schwierigkeit ☆☆☆☆☆

Kondition ☆☆☆☆☆

Frequentierung ☆☆☆☆☆

Landschaft ☆☆☆☆☆

Sicht ☆☆☆☆☆

Insgesamt ☆☆☆☆☆

Stempel

Wetterverhältnisse

Hütten / Einkehrmöglichkeiten

Etappen

Notizen

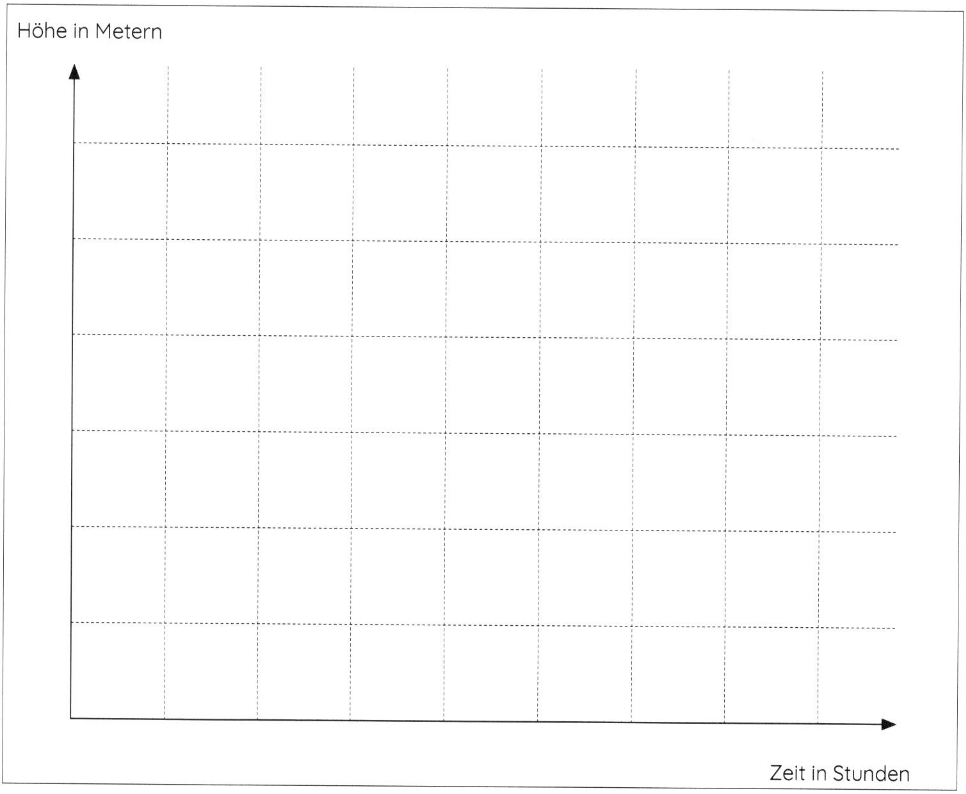

Tour Nr. 33

Gipfel (Höhe)

Gebirge

Ausgangspunkt (Höhe)

Art der Tour

Höhenmeter

Distanz

Aufstiegszeit

Abstiegszeit

Gesamtzeit

Datum

Begleiter

Schwierigkeit ☆☆☆☆☆

Kondition ☆☆☆☆☆

Frequentierung ☆☆☆☆☆

Landschaft ☆☆☆☆☆

Sicht ☆☆☆☆☆

Insgesamt ☆☆☆☆☆

Stempel

Wetterverhältnisse

Hütten / Einkehrmöglichkeiten

Etappen

Notizen

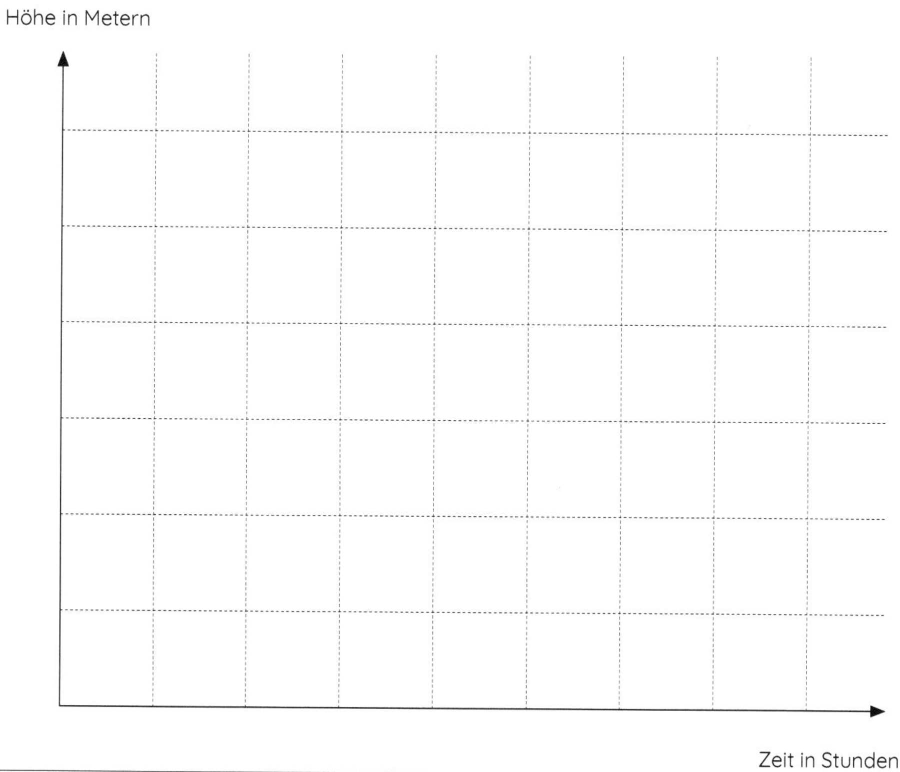

Tour Nr. 34

Gipfel (Höhe)

Gebirge

Ausgangspunkt (Höhe)

Datum

Begleiter

Schwierigkeit ☆☆☆☆☆
Kondition ☆☆☆☆☆
Frequentierung ☆☆☆☆☆
Landschaft ☆☆☆☆☆
Sicht ☆☆☆☆☆
Insgesamt ☆☆☆☆☆

Art der Tour

Höhenmeter | Distanz

Aufstiegszeit | Abstiegszeit | Gesamtzeit

Stempel

Wetterverhältnisse

Hütten / Einkehrmöglichkeiten

Etappen

Notizen

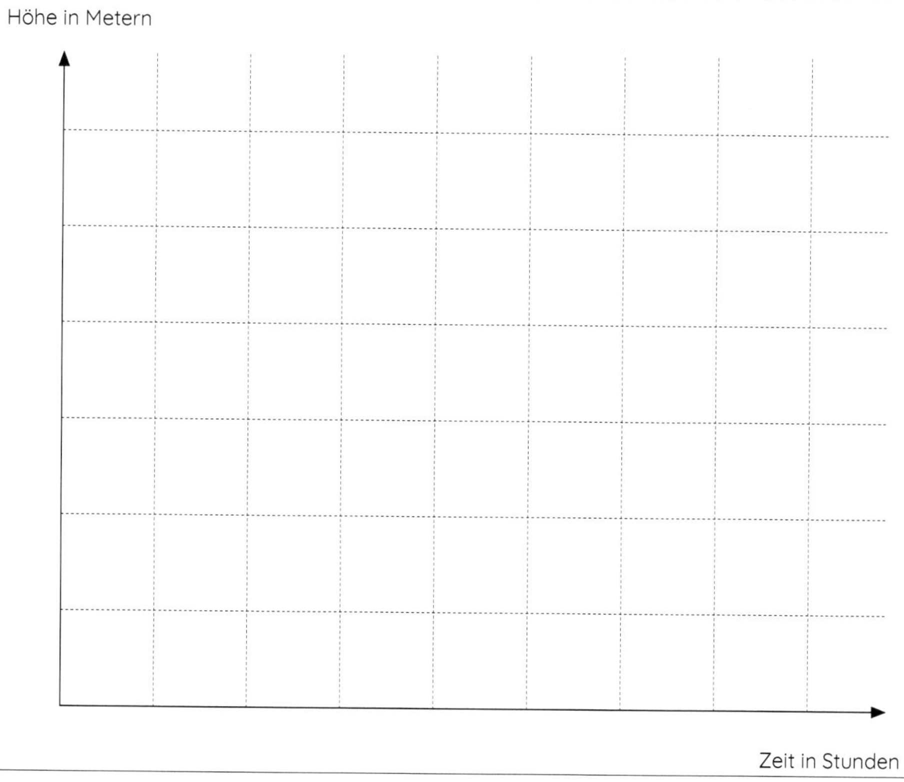

Tour Nr. 35

Gipfel (Höhe)	Datum
Gebirge	Begleiter
Ausgangspunkt (Höhe)	

Art der Tour		
Höhenmeter	Distanz	
Aufstiegszeit	Abstiegszeit	Gesamtzeit

Schwierigkeit	☆☆☆☆☆
Kondition	☆☆☆☆☆
Frequentierung	☆☆☆☆☆
Landschaft	☆☆☆☆☆
Sicht	☆☆☆☆☆
Insgesamt	☆☆☆☆☆

Stempel

Wetterverhältnisse

Hütten / Einkehrmöglichkeiten

Etappen

Notizen

Höhe in Metern

Zeit in Stunden

Tour Nr. 36

Gipfel (Höhe)

Gebirge

Ausgangspunkt (Höhe)

Datum

Begleiter

Schwierigkeit ☆☆☆☆☆
Kondition ☆☆☆☆☆
Frequentierung ☆☆☆☆☆
Landschaft ☆☆☆☆☆
Sicht ☆☆☆☆☆
Insgesamt ☆☆☆☆☆

Art der Tour

Höhenmeter	Distanz

Aufstiegszeit	Abstiegszeit	Gesamtzeit

Stempel

Wetterverhältnisse

Hütten / Einkehrmöglichkeiten

Etappen

Notizen

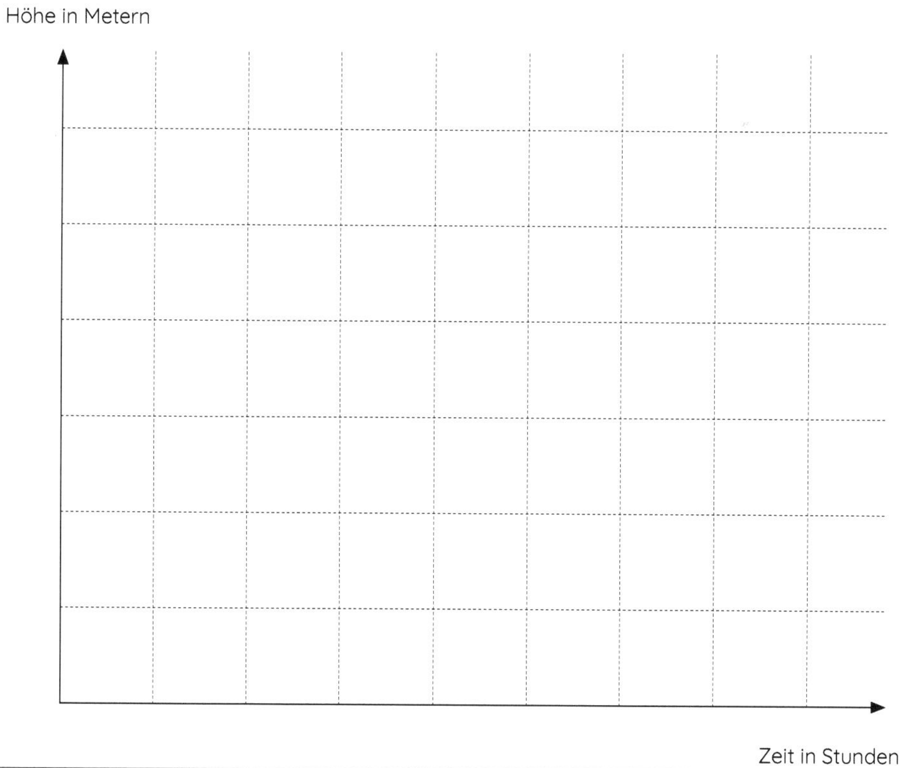

Tour Nr. 37

Gipfel (Höhe)

Gebirge

Ausgangspunkt (Höhe)

Datum

Begleiter

Schwierigkeit ☆☆☆☆☆
Kondition ☆☆☆☆☆
Frequentierung ☆☆☆☆☆
Landschaft ☆☆☆☆☆
Sicht ☆☆☆☆☆
Insgesamt ☆☆☆☆☆

Art der Tour

Höhenmeter | Distanz

Aufstiegszeit | Abstiegszeit | Gesamtzeit

Stempel

Wetterverhältnisse

Hütten / Einkehrmöglichkeiten

Etappen

Notizen

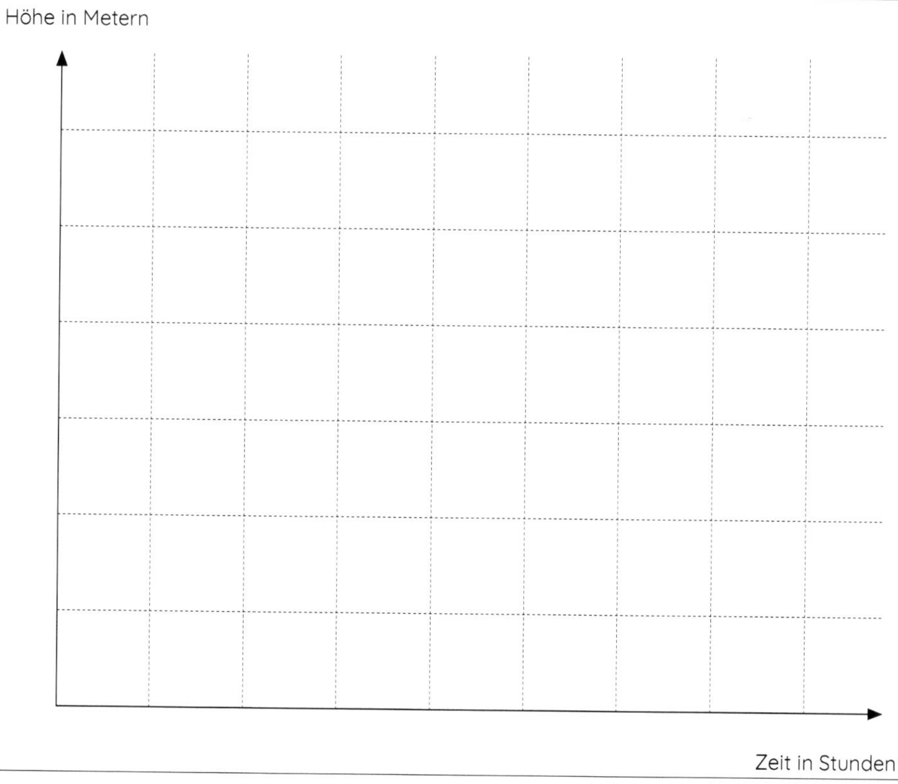

Tour Nr. 38

Gipfel (Höhe)

Gebirge

Ausgangspunkt (Höhe)

Art der Tour

Höhenmeter

Distanz

Aufstiegszeit

Abstiegszeit

Gesamtzeit

Datum

Begleiter

Schwierigkeit ☆☆☆☆☆

Kondition ☆☆☆☆☆

Frequentierung ☆☆☆☆☆

Landschaft ☆☆☆☆☆

Sicht ☆☆☆☆☆

Insgesamt ☆☆☆☆☆

Stempel

Wetterverhältnisse

Hütten / Einkehrmöglichkeiten

Etappen

Notizen

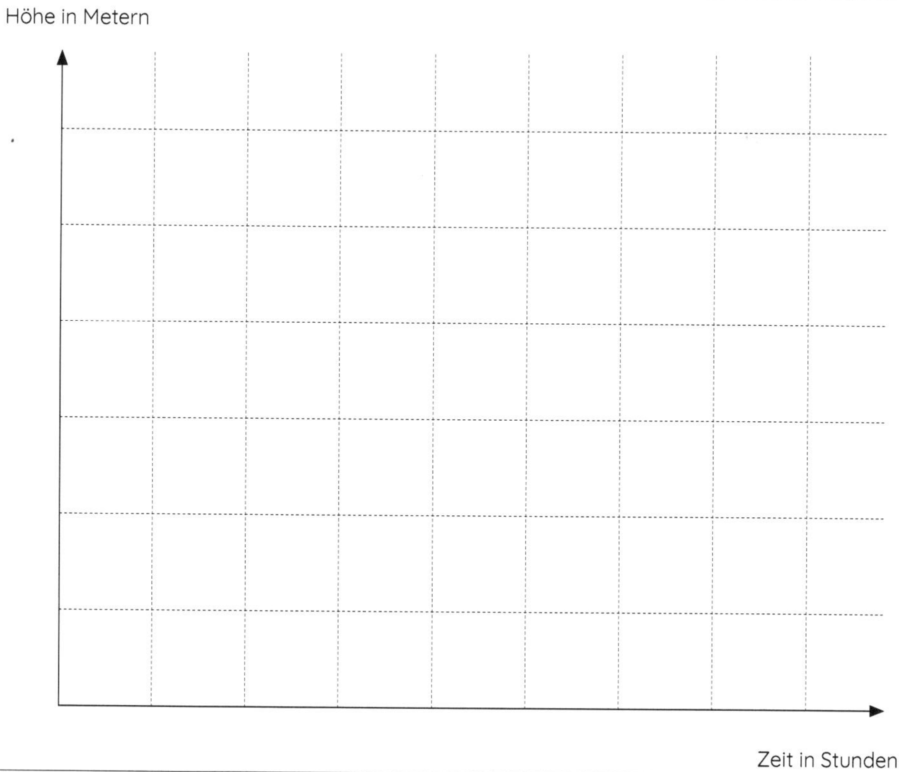

Tour Nr. 39

Gipfel (Höhe)

Gebirge

Ausgangspunkt (Höhe)

Art der Tour

Höhenmeter

Distanz

Aufstiegszeit

Abstiegszeit

Gesamtzeit

Datum

Begleiter

Schwierigkeit ☆☆☆☆☆
Kondition ☆☆☆☆☆
Frequentierung ☆☆☆☆☆
Landschaft ☆☆☆☆☆
Sicht ☆☆☆☆☆
Insgesamt ☆☆☆☆☆

Stempel

Wetterverhältnisse

Hütten / Einkehrmöglichkeiten

Etappen

Notizen

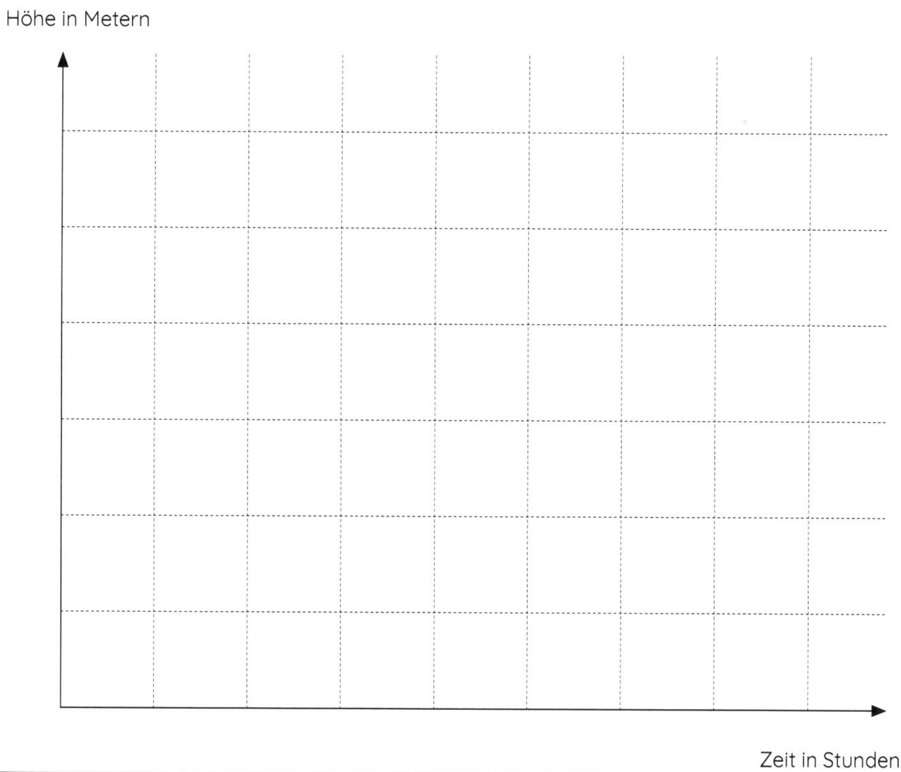

Tour Nr. 40

Gipfel (Höhe)

Gebirge

Ausgangspunkt (Höhe)

Datum

Begleiter

Art der Tour

Höhenmeter

Distanz

Aufstiegszeit

Abstiegszeit

Gesamtzeit

Schwierigkeit ☆☆☆☆☆
Kondition ☆☆☆☆☆
Frequentierung ☆☆☆☆☆
Landschaft ☆☆☆☆☆
Sicht ☆☆☆☆☆
Insgesamt ☆☆☆☆☆

Stempel

Wetterverhältnisse

Hütten / Einkehrmöglichkeiten

Etappen

Notizen

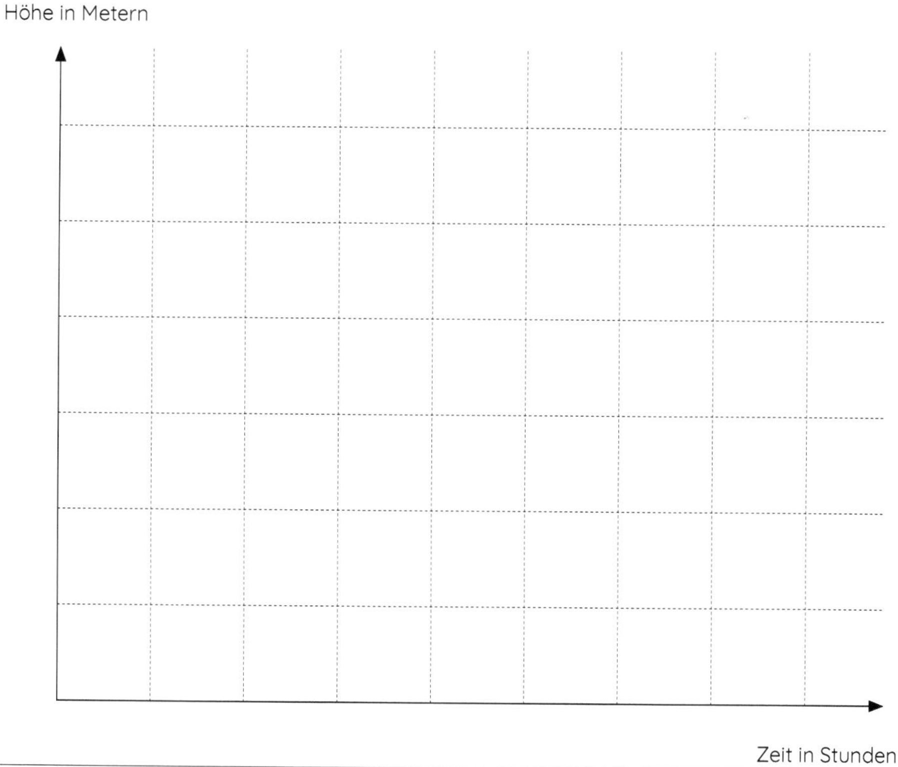

Tour Nr. 41

Gipfel (Höhe)	Datum
Gebirge	Begleiter
Ausgangspunkt (Höhe)	

Art der Tour

Höhenmeter | Distanz

Aufstiegszeit | Abstiegszeit | Gesamtzeit

Schwierigkeit	☆☆☆☆☆
Kondition	☆☆☆☆☆
Frequentierung	☆☆☆☆☆
Landschaft	☆☆☆☆☆
Sicht	☆☆☆☆☆
Insgesamt	☆☆☆☆☆

Stempel

Wetterverhältnisse

Hütten / Einkehrmöglichkeiten

Etappen

Notizen

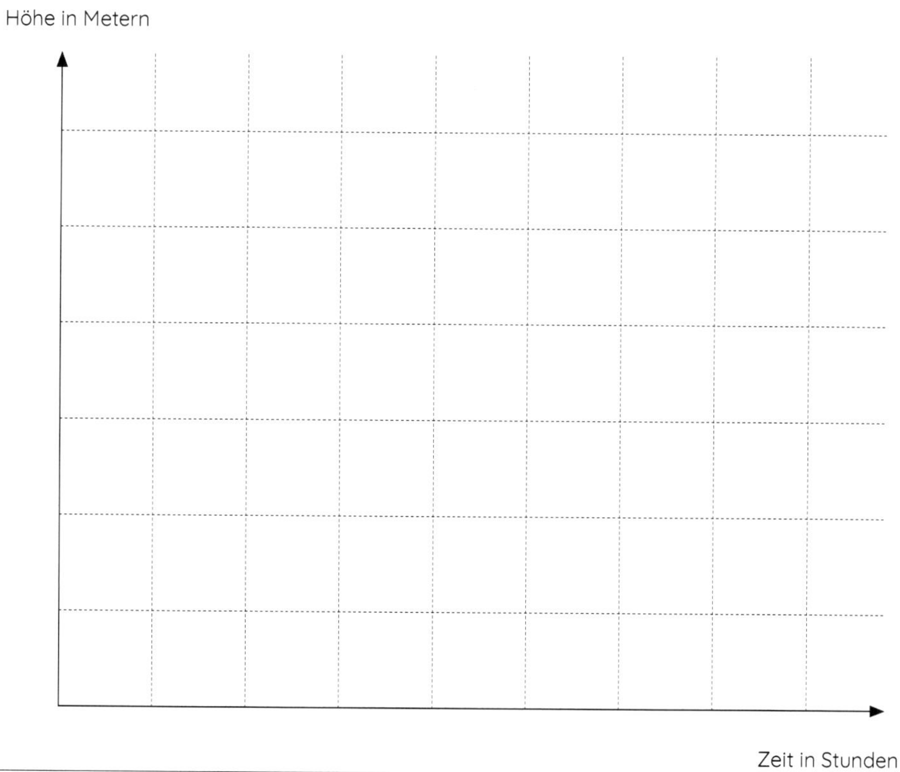

Tour Nr. 42

Gipfel (Höhe)
Gebirge
Ausgangspunkt (Höhe)

Datum
Begleiter

Schwierigkeit	☆☆☆☆☆
Kondition	☆☆☆☆☆
Frequentierung	☆☆☆☆☆
Landschaft	☆☆☆☆☆
Sicht	☆☆☆☆☆
Insgesamt	☆☆☆☆☆

Art der Tour		
Höhenmeter	Distanz	
Aufstiegszeit	Abstiegszeit	Gesamtzeit

Stempel

Wetterverhältnisse

Hütten / Einkehrmöglichkeiten

Etappen

Notizen

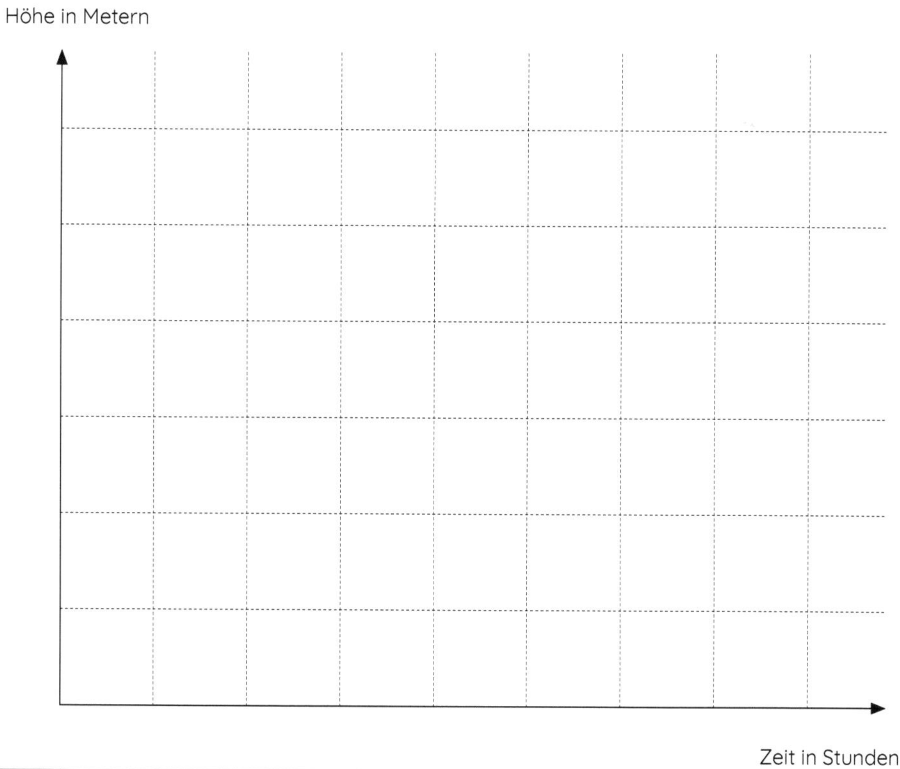

Tour Nr. 43

Gipfel (Höhe)	Datum
Gebirge	Begleiter
Ausgangspunkt (Höhe)	

Art der Tour

Höhenmeter	Distanz

Aufstiegszeit	Abstiegszeit	Gesamtzeit

Schwierigkeit	☆☆☆☆☆
Kondition	☆☆☆☆☆
Frequentierung	☆☆☆☆☆
Landschaft	☆☆☆☆☆
Sicht	☆☆☆☆☆
Insgesamt	☆☆☆☆☆

Stempel

Wetterverhältnisse

Hütten / Einkehrmöglichkeiten

Etappen

Notizen

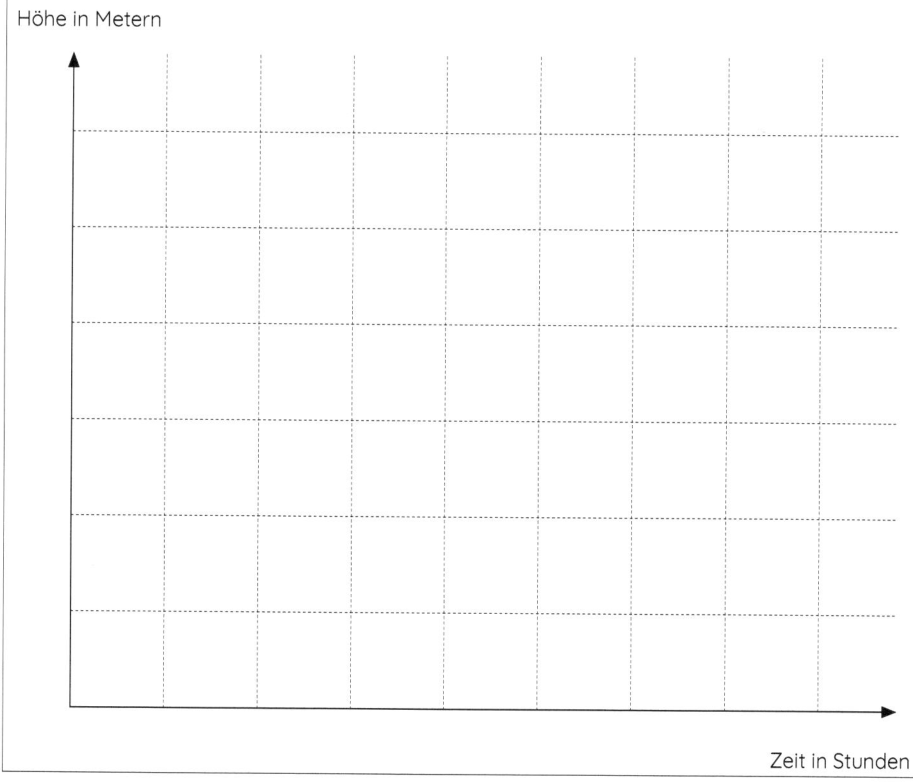

Tour Nr. 44

Gipfel (Höhe)

Gebirge

Ausgangspunkt (Höhe)

Datum

Begleiter

Art der Tour

Höhenmeter

Distanz

Aufstiegszeit

Abstiegszeit

Gesamtzeit

Schwierigkeit ☆☆☆☆☆
Kondition ☆☆☆☆☆
Frequentierung ☆☆☆☆☆
Landschaft ☆☆☆☆☆
Sicht ☆☆☆☆☆
Insgesamt ☆☆☆☆☆

Stempel

Wetterverhältnisse

Hütten / Einkehrmöglichkeiten

Etappen

Notizen

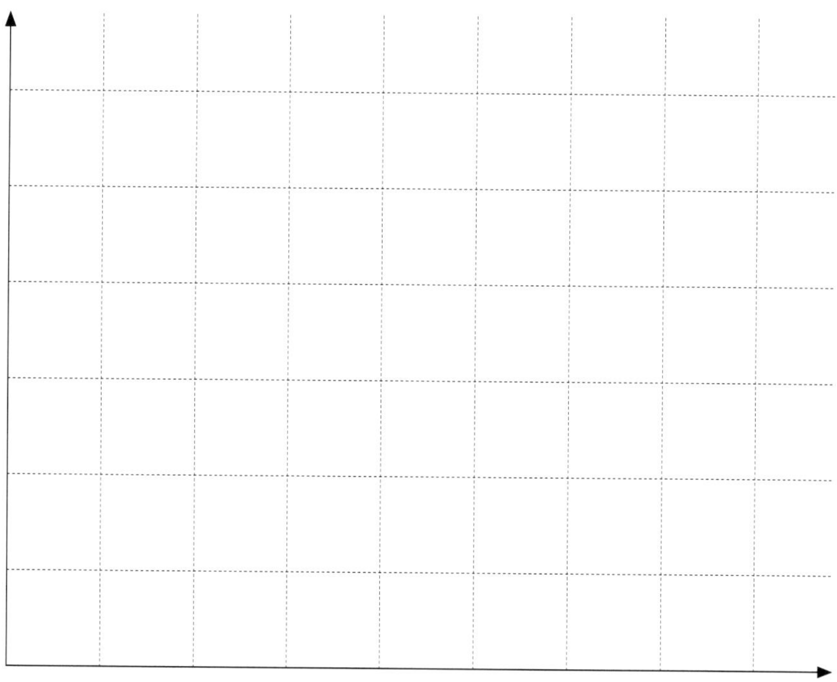

Tour Nr. 45

Gipfel (Höhe)

Gebirge

Ausgangspunkt (Höhe)

Datum

Begleiter

Schwierigkeit	☆☆☆☆☆
Kondition	☆☆☆☆☆
Frequentierung	☆☆☆☆☆
Landschaft	☆☆☆☆☆
Sicht	☆☆☆☆☆
Insgesamt	☆☆☆☆☆

Art der Tour		
Höhenmeter	Distanz	
Aufstiegszeit	Abstiegszeit	Gesamtzeit

Stempel

Wetterverhältnisse

Hütten / Einkehrmöglichkeiten

Etappen

Notizen

Höhe in Metern

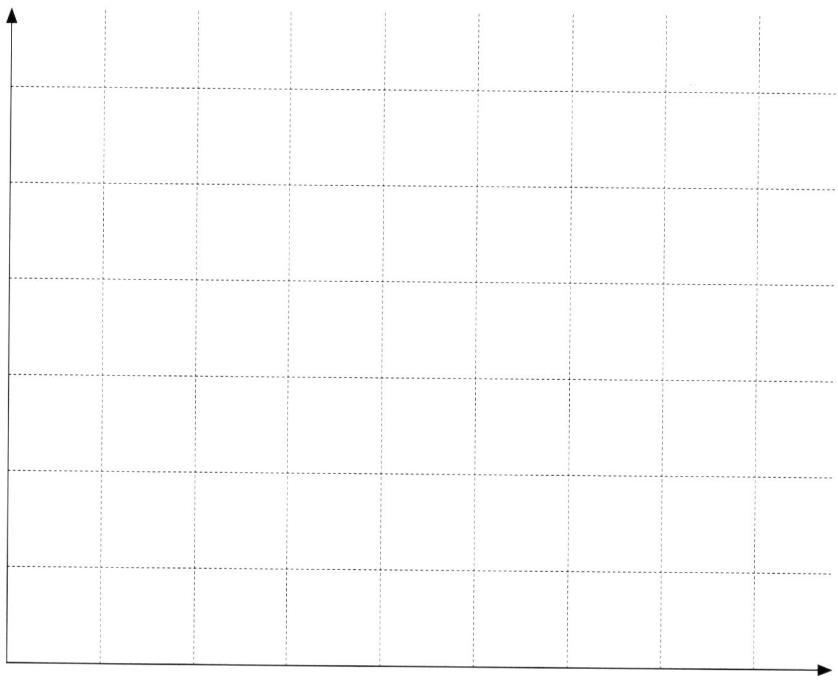

Zeit in Stunden

Tour Nr. 46

Gipfel (Höhe)	
Gebirge	
Ausgangspunkt (Höhe)	

Datum	
Begleiter	

Schwierigkeit	☆☆☆☆☆
Kondition	☆☆☆☆☆
Frequentierung	☆☆☆☆☆
Landschaft	☆☆☆☆☆
Sicht	☆☆☆☆☆
Insgesamt	☆☆☆☆☆

Art der Tour		
Höhenmeter	Distanz	
Aufstiegszeit	Abstiegszeit	Gesamtzeit

Stempel

Wetterverhältnisse

Hütten / Einkehrmöglichkeiten

Etappen

Notizen

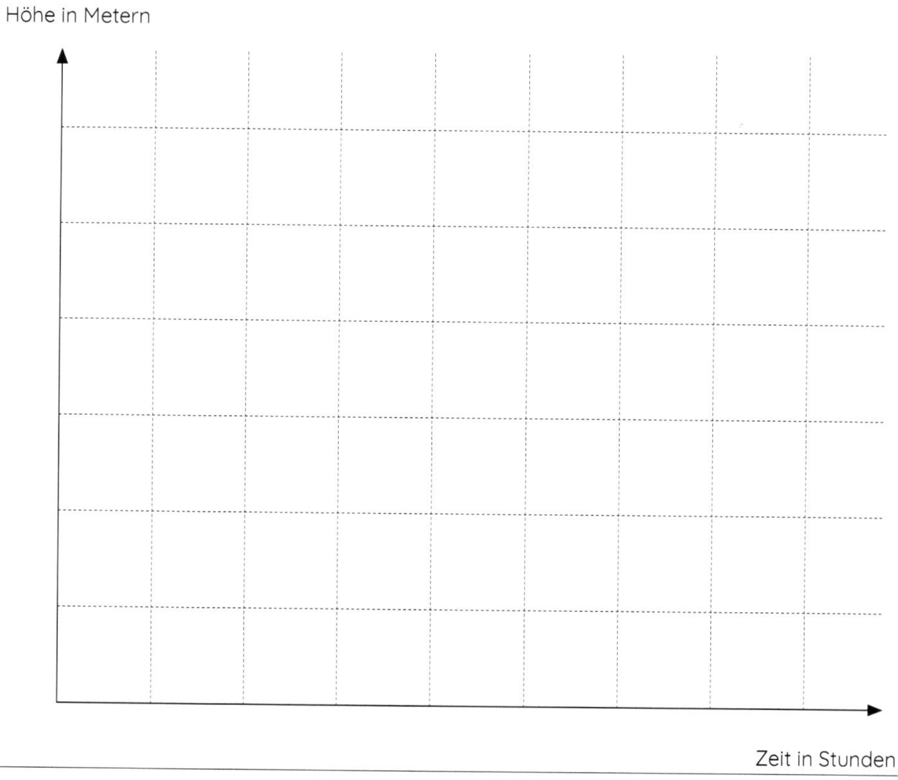

Tour Nr. 47

Gipfel (Höhe)

Gebirge

Ausgangspunkt (Höhe)

Art der Tour

Höhenmeter

Distanz

Aufstiegszeit

Abstiegszeit

Gesamtzeit

Datum

Begleiter

Schwierigkeit ☆☆☆☆☆
Kondition ☆☆☆☆☆
Frequentierung ☆☆☆☆☆
Landschaft ☆☆☆☆☆
Sicht ☆☆☆☆☆
Insgesamt ☆☆☆☆☆

Stempel

Wetterverhältnisse

Hütten / Einkehrmöglichkeiten

Etappen

Notizen

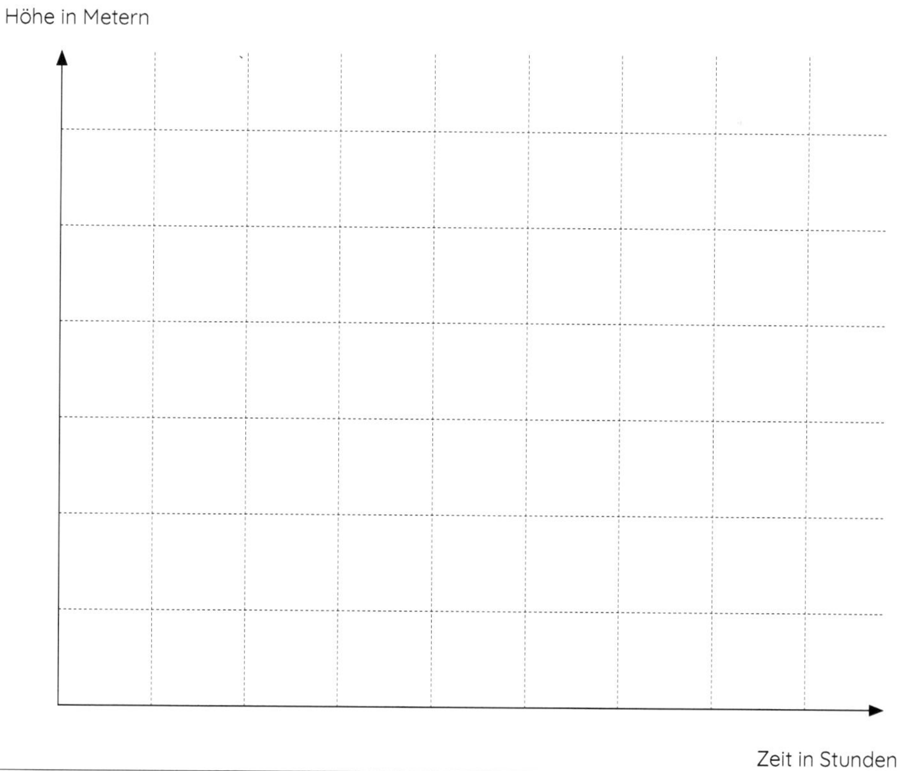

Tour Nr. 48

Gipfel (Höhe)	Datum
Gebirge	Begleiter
Ausgangspunkt (Höhe)	

Art der Tour

Höhenmeter	Distanz

Aufstiegszeit	Abstiegszeit	Gesamtzeit

Schwierigkeit	☆☆☆☆☆
Kondition	☆☆☆☆☆
Frequentierung	☆☆☆☆☆
Landschaft	☆☆☆☆☆
Sicht	☆☆☆☆☆
Insgesamt	☆☆☆☆☆

Stempel

Wetterverhältnisse

Hütten / Einkehrmöglichkeiten

Etappen

Notizen

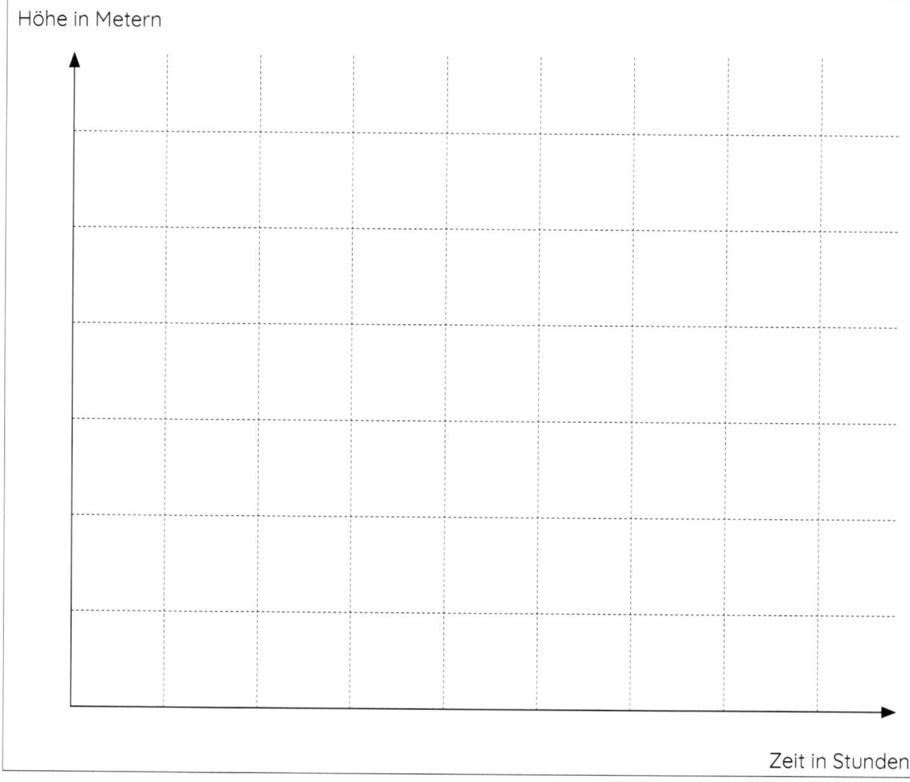

Tour Nr. 49

Gipfel (Höhe)

Gebirge

Ausgangspunkt (Höhe)

Datum

Begleiter

Schwierigkeit ☆☆☆☆☆
Kondition ☆☆☆☆☆
Frequentierung ☆☆☆☆☆
Landschaft ☆☆☆☆☆
Sicht ☆☆☆☆☆
Insgesamt ☆☆☆☆☆

Art der Tour

Höhenmeter

Distanz

Aufstiegszeit

Abstiegszeit

Gesamtzeit

Stempel

Wetterverhältnisse

Hütten / Einkehrmöglichkeiten

Etappen

Notizen

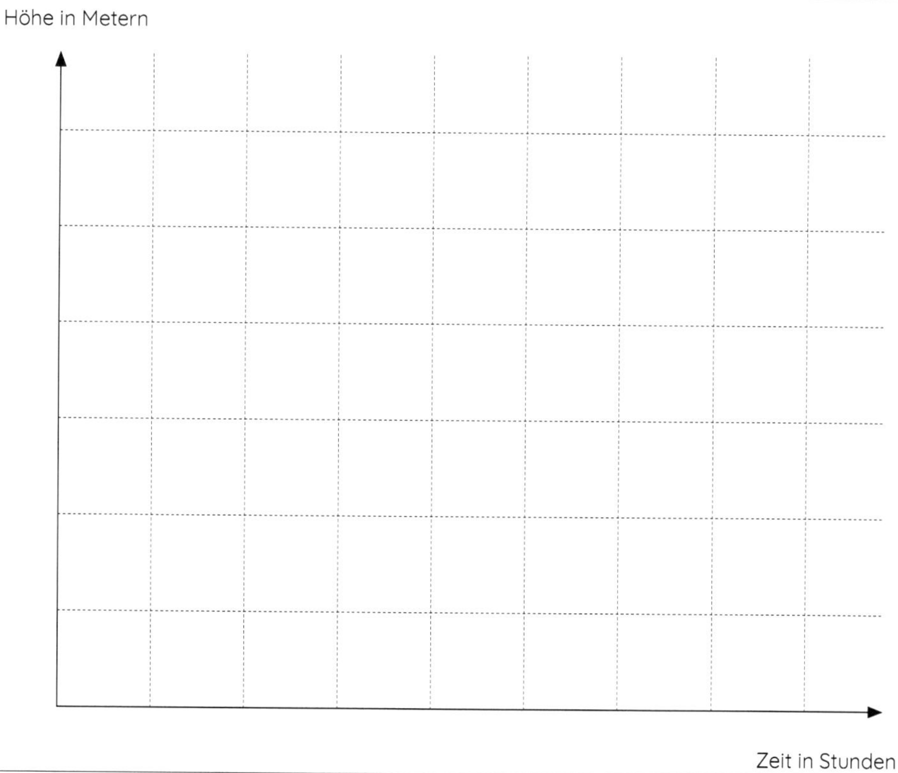

Tour Nr. 50

Gipfel (Höhe)

Gebirge

Ausgangspunkt (Höhe)

Datum

Begleiter

Schwierigkeit ☆☆☆☆☆
Kondition ☆☆☆☆☆
Frequentierung ☆☆☆☆☆
Landschaft ☆☆☆☆☆
Sicht ☆☆☆☆☆
Insgesamt ☆☆☆☆☆

Art der Tour

Höhenmeter | Distanz

Aufstiegszeit | Abstiegszeit | Gesamtzeit

Stempel

Wetterverhältnisse

Hütten / Einkehrmöglichkeiten

Etappen

Notizen

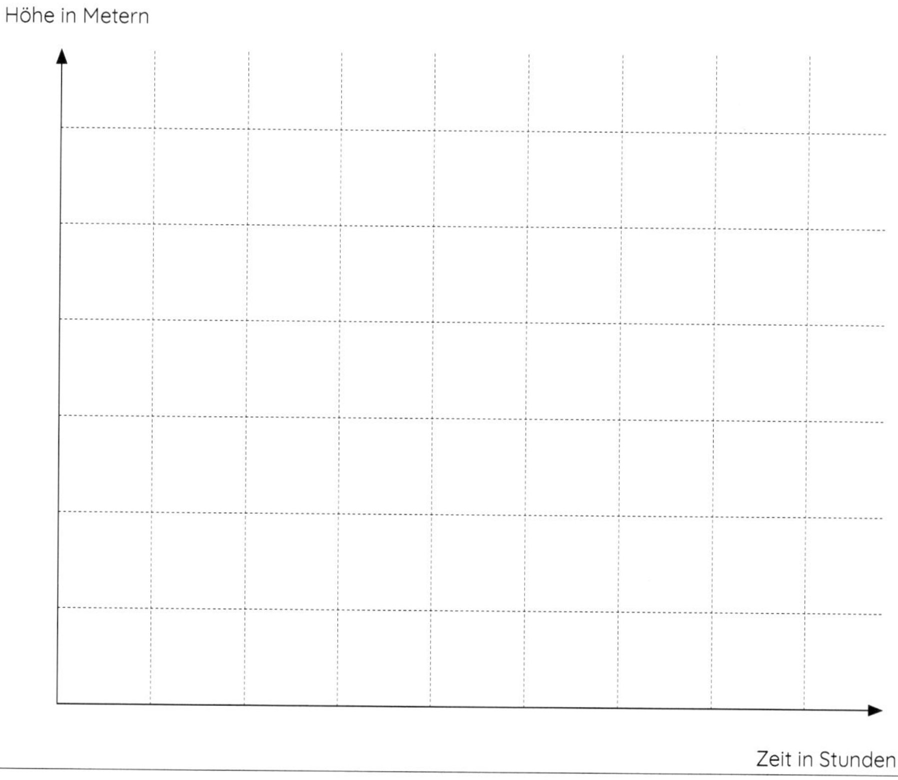

Impressum:

Simon Zieger
Osterseenstr. 34
82393 Iffeldorf
Germany

Fragen oder Anregungen?
liddelbooks@gmx.de

Viel Freude mit Deinem LiddelBook!

Printed in Poland
by Amazon Fulfillment
Poland Sp. z o.o., Wrocław

51598059R00066